Tranversales
MAGISTERIO

Gallo Meneses, César Tulio
    Apostándole a la vida : relatos que despejan dudas y promueven una sexua-
    lidad sana / César Tulio Gallo Meneses. — Bogotá: Editorial Magisterio,
    2004.
108 p. ; 24 cm. — (Colección Transversales)
1. Sexo (Psicología) - Relatos personales 2. Abuso de drogas 3. Enfermedades de
    transmisión sexual - Enseñanza 4. Sida – Prevención 5. Educación sexual
    I. Tít II. Serie.
306.76 cd 20 ed.
AHT2092

    CEP-Banco de la República-Biblioteca Luis-Angel Arango

Educación sexual

Apostándole a la vida

Relatos que despejan dudas y promueven una sexualidad sana

Dr. César Tulio Gallo Meneses

MAGISTERIO
EDITORIAL

Colección Transversales

Apostándole a la vida
Relatos que despejan dudas y promueven
una sexualidad sana

Autor
© *Dr. CÉSAR TULIO GALLO MENESES*

Libro ISBN: 978-958-20-0755-3

Segunda edición: 2011.
Reimpresión: 2018.

© *COOPERATIVA EDITORIAL MAGISTERIO*
Diagonal 36 Bis N° 20-70 Park Way La Soledad PBX: 3383605-06
Bogotá, D.C., Colombia.
www.magisterio.com.co
info@magisterio.com.co

Dirección General
ALFREDO AYARZA BASTIDAS

*La dedicatoria de este libro la pensé largamente
y siempre apareció en mi corazón, Blanca Isabel
Triana de Riveros. Pienso que sin su ayuda, sin su
impulso no hubiera sido posible plasmarlo. Sentí la
presencia de Dios en ella. A través del tiempo, más
que una amiga, la siento como un ángel custodio.*

*Orientar a los jóvenes en su vida sexual y reproductiva y en
particular, en la prevención de infecciones de transmisión
sexual debe ser una de las prioridades de la sociedad.*
*Educar con sinceridad y claridad de acuerdo con las ca-
racterísticas y necesidades de los jóvenes, para que sean
personas sanas, felices y comprometidas con su propia
historia de vida.*

Agradecimientos

En primer lugar, a los estudiantes de la Institución Educativa Distrital Jorge Eliécer Gaitán J.M. por su acogida, sensibilidad y apertura al trabajo en prevención realizado durante año y medio.

De igual manera, a la Señora Rectora Consuelo Bohórquez Hernández, a las señoras coordinadoras Doralice Gutiérrez y Nelly Cubides de Cubillos, profesores, orientadora Sra. Carmen Rosa Rodríguez de Rojas y padres de familia del colegio, quienes facilitaron la continuidad de este proyecto.

Al Dr. Fabián Mauricio Medina, Director de la Fundación Darse, porque su ayuda ha sido invaluable y me ha permitido el tiempo para realizar este libro.

A todas las personas que han convivido conmigo en estos 2 años en la Fundación Darse por su afecto y colaboración, así mismo a los ausentes.

A Gina Riveros Triana, estudiante de último año de Biología de la Universidad Nacional, primera lectora del libro y quién también dio sugerencias sobre algunos apartes; por su servicio al pasar en computador y ayudar a organizar el trabajo en su tiempo libre. A Hugo Riveros Polanco esposo de Blanca Isabel y padre de Gina por su disposición para ayudar y servir.

A mi familia porque gracias a ellos soy el ser humano que vive intensamente todos los días de mi vida.

Contenido

Presentación

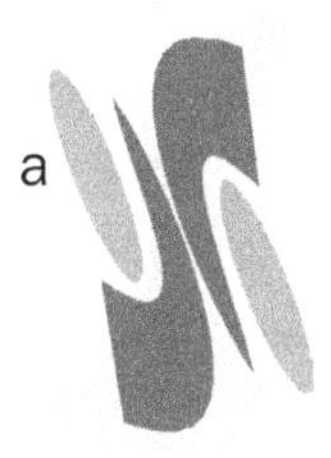

"Apostándole a la vida" son relatos que despejan dudas y promueven una sexualidad sana. Busca orientar e informar a los jóvenes y a la comunidad en general sobre la prevención de las infecciones de transmisión sexual, sobre la problemática que viven los adolescentes en sus relaciones sexuales, las relaciones de pareja, etc... con base en una educación en los valores y en el conocimiento de los diferentes temas.

En la obra se presentan historias que intercalan información científica relacionada con las infecciones de transmisión sexual, con textos literarios que enriquecen y fortalecen el tema y con preguntas y respuestas realizadas en los talleres durante la investigación previa a la escritura de la obra.

Capítulo I
Presenta a Jimena, una joven mujer que se enfrenta desde muy joven a la responsabilidad del matrimonio y a la posterior enfermedad de su hija a causa del comportamiento riesgoso de su pareja. Se trata el tema de los riesgos de las relaciones sexuales sin protección y explica sobre las infecciones de transmisión sexual. Incluye un texto sobre el perdón.

Capítulo II
En diferentes culturas la sangre representa el fluido de la vida. Es la historia de Luis Eduardo, un joven hemofílico que afronta el vivir con dos

enfermedades que ponen en riesgo su vida. Incluye este capítulo el tema de las transfusiones de sangre y las pruebas para VIH.

Capítulo III

Existen espacios lúdicos donde los jóvenes interactúan, uno de ellos son los bares. En esta narración se presentan la infinidad de posibilidades afectivas de los seres humanos, intercalando letras de canciones populares e información de cómo prevenir las infecciones de transmisión sexual. Hace énfasis en la importancia de esperar el inicio de la actividad sexual y disfrutar del conocimiento del otro.

Capítulo IV

A la Universidad llegan los jóvenes con múltiples expectativas y en ocasiones se enfrentan a una realidad hedonista, con base en el placer, que los lleva a la adicción a las drogas. Hay una relación directa entre la posibilidad de adquirir infecciones de transmisión sexual y la dependencia a sustancias psicoactivas. El capítulo incluye información sobre la farmacodependencia y el poder de la palabra QUIERO.

Capítulo V

En el laboratorio se procesan muestras de tejidos y líquidos biológicos contaminados que pueden implicar un riesgo de enfermedad (para el trabajador de la salud y para quienes las manipulan). Es necesario conocer las medidas universales de bioseguridad. El trabajador de la salud es un servidor ante todo, por esto se incluye el poema de Gabriela Mistral "El poder de servir".

Capítulo VI

Es una reflexión del autor como profesional de la salud, enfrentado a la realidad de no ver, pero a la vez a la aceptación de la enfermedad con amor. La canción *Es por ti*, de Juanes le da vida a la historia y los Mandamientos de los servidores de los enfermos orientan a la personas que están cerca de los enfermos en algún momento de la vida.

Capítulo VII

"Vosotros sois más grandes que el amor", es una expresión que encierra el valor que tienen las personas que trabajan por quienes viven con VIH-Sida y la importancia de la gratitud en los seres humanos.

Capítulo VIII

Se presenta una visión de lo que significa la vida y la trascendencia de la muerte. Además destaca la importancia de las redes de apoyo para el trabajo en prevención: los padres, la familia y la comunidad en general.

Capítulo IX

El dar y recibir hacen parte del ritmo de la vida. El saber escuchar y estar atentos a la necesidad que tiene el otro de hablar y comunicar, son fundamentos de la amistad. Incluye un ejercicio para aprender a escuchar la voz interior con el fin de aquietar la mente.

Capítulo X

El embarazo y la madre adolescente son tratados a través de historias de vida expresadas con dolor por sus protagonistas. Se habla de la necesidad de realizar terapia psicológica a la madre adolescente. También existe el tratamiento acompañado de sesiones de relajación e hipnosis.

Al final se relaciona un anexo que incluye las inquietudes planteadas por los jóvenes, padres de familia y profesores, agrupadas en: Inquietudes sobre las infecciones de transmisión sexual y el sistema inmunológico, Inquietudes sobre adolescencia, noviazgo y sexualidad, Inquietudes sobre infecciones de transmisión sexual y familia e Inquietudes sobre juventud y drogadicción.

La bibliografía se relaciona con el fin de que las personas que deseen profundizar más sobre un tema, tengan los datos pertinentes. Son autores de fácil consulta que presentan con rigor científico y claridad sus obras.

I. Jimena

Recibí la correspondencia... Abrí el sobre que contenía el resultado de la prueba VIH: resultado *positivo*.

Aunque lo presentía, el verlo plasmado en un papel me generó angustia y negación.

Me sentía desconcertado, inquieto y como no sabiendo qué rumbo tomar. Sentía como cargando sobre mis hombros un gran peso, con la certeza de saber que estaba viviendo con VIH. Mientras tanto analizaba una y otra vez las mismas ideas.

–¿Qué voy a encontrar en este lugar? ¿Encontraré esperanza, podré continuar viviendo?

Una voz de mujer me sacó de mi ensimismamiento.

–¡Hola! Soy María José.

Me extiende su mano.

Saliendo de mi estupor, le contesto sin emoción.

–¡Hola!

Se sienta a mi lado y me dice que no tengo porqué sentir miedo, que en ese lugar están para ayudarme.

–¿Cómo?

–Voy a contarte una historia, lo cual no acostumbro hacer, pero siento que tú lo necesitas, lo que voy a relatar es como dar mi vida por ti.

–¿Dar la vida por mí? ¿En este momento de mi vida?

Yo era una niña de 18 años, llena de ilusiones, esperanzas, estaba terminando la secundaria y en la fiesta de amor y amistad conocí a un muchacho que estudiaba en un colegio cerca al mío, porque el colegio donde yo estudiaba era femenino. Su nombre era Ricardo, era una año mayor, de 19 años y desde el momento que lo miré sentí que era el amor de mi vida, en una palabra, quedé enganchada con él.

Cuando nos graduamos él se fue a pagar el servicio militar a un sitio distante y sólo nos podíamos ver cada 3 meses. A mí siempre me criaron con la idea de llegar virgen al matrimonio y para mí era una convicción y Ricardo, a pesar de que era un muchacho inquieto, ardoroso, aceptaba mi posición. A veces nos escribíamos y siempre estaba pensando en él. Pensaba qué bonito sería que formáramos una familia, a pesar de que mis padres decían que éramos muy jóvenes.

–Yo a ratos los escuchaba, pero al recordar las letras impresas en el papel, quedaba con la mente en blanco...

En esos días estaba en la casa ayudando a mi madre en las labores domésticas, porque no tenían dinero para pagarme la Universidad. A veces le ayudaba a mi mamá a hacer trabajo de modistería, que le enviaban de una fábrica. Cuando Ricardo terminó de pagar el servicio, su padre murió y le dejó una herencia suficiente para que él abriera una tienda de barrio, donde se conseguía de todo, desde un pincel hasta un pan. El ya empezó a proponerme que nos casáramos. Yo lo anhelaba y para mañana me parecía tarde.

Mi mamá y mi papá se oponían, aunque la resistencia era menos que antes, al ver que de alguna manera él era capaz de mantener esa familia que se iba a formar. Entonces, muy ilusionados, decidimos casarnos. Y fui a la iglesia, vestida de blanco, aún cuando en realidad el traje no era muy costoso, lo habían hecho mis tías que eran costureras.

Ricardo se veía como reluciente en su traje de bodas, creo que nunca lo había visto tan guapo. ¡Nos organizaron una pequeña fiesta! Asistieron nuestros amigos del colegio, compañeros del servicio militar, amigos del barrio y nuestras familias. Sirvieron cerveza, cerdo y la torta. No tuvimos viaje de luna de miel, porque no tenía mucho dinero y Ricardo tenía compromisos con la tienda, él era trabajador, claro que un poco malgeniado, machista eso sí, como muchos de nuestros hombres. Es decir, los fines de semana no siempre estaba conmigo. Se iba con algunos de sus amigotes, pero en general se podría decir que era un buen marido. Yo le ayudaba a atender la tienda y hacía los oficios domésticos.

—Yo comprendía lo que me decía Jimena y su deseo de motivarme a continuar viviendo.

—A los 6 meses de estar casados, empecé a sentir mareos y náuseas, visité a un médico y me dijo que estaba embarazada. Me sentí muy contenta y plenamente realizada. Se lo conté a Ricardo y él se mostró contento, pero... como nada del otro mundo, sin expresarlo mucho.

Durante los 9 meses me cuidó de una manera especial, aunque en realidad durante mi embarazo no tuve mayores molestias.

Una tarde de abril, recuerdo que de pronto sentí un dolor en la cintura que se extendía hacia el abdomen. Ricardo se encontraba conmigo en la tienda y le dije que porqué no íbamos al hospital.

En la sala de emergencias el médico me examinó y me dijo que el parto estaba bastante adelantado, que se acercaba el alumbramiento. A pesar que el dolor se hacía cada vez más intenso, dentro de mí sentía un gran gozo por conocer a esa criatura que había llevado en mi vientre durante 9 meses. En la madrugada del día siguiente, tuve por primera vez en mis brazos a mi bebé.

Recuerdo que me sentía observada por el médico que me había atendido y le pregunté que por qué su sonrisa en los labios. Él me contestó que en ese abrazo con que yo acogía a mi niña, él veía la manifestación más clara del amor de Dios y que la imagen le hacía parecer una hermosa obra de arte. Y me decía que veía en mí el verdadero amor, el amor de una madre, el amor que da todo, que no pide nada a cambio, porque aún cuando el niño pareciera más un problema, porque claro, hay que cambiarlo, molesta, si me preguntaba por qué lo atendía, yo le respondía que lo amaba.

Esa mañana en que Ricardo conoció la niña me dijo que parecía un ratoncito, le pedí que la abrazara, pero me dijo que no, porque le daba miedo soltarla. Sin embargo, en sus ojos se veía el afecto y la alegría, sólo que tenía miedo.

—¡Un hijo! Una motivación grande para una madre, pero... ¿En qué condiciones?

—También me dijo que recordara que si era una niña la íbamos a llamar Jimena. El día en que regresamos a la casa y a la tienda y a nuestra vida de todos los días, mientras veíamos crecer nuestra niña, iba notando cómo mi relación de pareja con Ricardo se hacía cada vez más distante, ¿Qué le pasa a Ricardo? Ahora pienso que en realidad era porque todo el tiempo yo se lo dedicaba a Jimena y Ricardo como siempre fue un hombre poco expresivo, en vez de hablar conmigo se mostraba huraño y a veces agresivo y notaba cómo sus ausencias eran cada vez más frecuentes. Fue cuando me enteré que solía tener relaciones sexuales extramatrimoniales.

El tener múltiples relaciones sexuales sin protección, con diferentes parejas, predispone a la persona a adquirir I.T.S. (Infecciones de transmisión sexual). Como su nombre lo dice son enfermedades que se adquieren a través de la actividad sexual. Los vehículos de transmisión son el semen, el líquido pre-eyaculatorio y los fluidos vaginales. También existe la transmisión perinatal, de madre a hijo.

La hepatitis B, la sífilis y el VIH se pueden adquirir además por la transmisión sanguínea: transfusiones, objetos corto-punzantes y el compartir agujas.

Se pueden presentar de nuevo. Se pueden contraer varias a la vez. Pueden ser controladas o tratadas médicamente. Siendo la mayoría de ellas curadas, excepto el VIH-Sida y la Hepatitis B y C, que sólo se pueden controlar.

Las I.T.S. más frecuentes son: Sífilis, Gonorrea, Infección por Clamydia, Tricomoniasis, Herpes genital, Hepatitis B, Linfo-granuloma venéreo, Condilomatosis, Pediculosis del pubis y Sida.

Muchas de estas enfermedades pueden producir abortos, malformaciones congénitas, embarazos fuera del útero, in-fecciones crónicas que conducen a la esterilidad, cáncer de cuello uterino en el caso de Papiloma virus humano, e incluso la muerte, si no son tratadas.

–En el segundo cumpleaños de la niña, ya caminaba, balbuceaba sus pri-meras palabras. Le hicimos una fiesta con torta y helado, piñata, con los vecinitos ¡y payasos! ¡Que alegría que hubiera podido hacerle la fiesta a mi hija y con payasos, algo que siempre soñé hacerle a un hijo que tuviera! Cuando estábamos tomando las fotografías, la niña empezó a vomitar. En un principio creí que era por la torta y el helado, pero aún en la madrugada de ese día continuaba vomitando. Ya asustada y temiendo lo peor, le dije a Ricardo que fuéramos a urgencias. Allí nos tocó esperar hasta el amanecer para que nos atendieran. Yo realmente me sentía desesperada y furiosa de ver cómo mi niñita cada vez se ponía peor.

–¡La niña debe ser hospitalizada! Nos dijo la médica. ¡La nenita está deshidratada! Pero que no nos preocupáramos, porque con líquidos Jimena saldría adelante. No me aparté de la niña ni un solo momento. Ricardo que ya estaba cansado, al medio día se marchó para la casa. Yo creí que a más tardar en la noche estaría yo con la niña de regreso.

Cuando me dí cuenta era el día siguiente y la niña seguía mal. La médica me decía que no me preocupara, que había niños que les costaba más recuperarse. En mi corazón de madre, sentía que algo no iba bien. Cuando ya pasaron 4 días y la niña no sólo tenía vómito, sino diarrea, la boca llena de placas que parecían bombitas de agua, desalentada y como si estuviera en estupor, la médica comenzó a inquietarse al no encontrar un diagnóstico claro, o la explicación de por qué la niña estaba así. En ese momento mi desesperación iba en aumento y clamaba ayuda al Dios del cielo. Ricardo venía todos los días, se mostraba asustado y rabioso. Después de 8 días que la situación no mejoraba, la médica nos remitió a un hospital de mayor nivel. Al llegar allí los especialistas vieron a mi niña.

–Su hija seguramente puede tener una baja en las defensas.

El estado de ella se había deteriorado más. Ahora lo sé, la primera prueba diagnóstica se hizo en 1984, en el 85 empezó a generalizarse su aplicación. En nuestro país, en el año 85 la empezaron a realizar.

Uno de los médicos sugirió hacer la prueba ELISA para el VIH. Yo en mi vida no había oído hablar del Sida. Les pregunté qué era eso. Y de manera confusa, me dijeron que era una enfermedad nueva que afectaba especialmente a homosexuales, drogadictos intravenosos y prostitutas. Yo quedé aterrada y pensaba que Ricardo ni era ni homosexual, ni drogadicto intravenoso, ni yo era prostituta. En un principio me revelé e insulté a los médicos, pero a lo último me resigné y acepté que hicieran la prueba. Diez días después me dijeron que la prueba era positiva. Además como Jimena tenía dos años esa prueba ya era confirmatoria.

La prueba ELISA para VIH es una prueba indirecta que mide los anticuerpos contra el virus, es decir, las defensas que el organismo crea para combatir al intruso. Este examen se hace a través de una muestra de sangre, utilizando un reactivo (ELISA). Las defensas en los niños menores de 2 años son las mismas que han recibido de su mamá. Sólo después de 18 meses su sistema de defensas ya es autónomo. Es por eso que no se puede utilizar esta prueba como diagnóstico definitivo en niños menores de 2 años. Cuando la mujer embarazada no recibe tratamiento con antirretrovirales para prevenir la transmisión de madre a hijo, ésta se da en un 30%. Siendo las vías de transmisión a través de la placenta (en menor porcentaje de casos) o en el momento del parto (la mayoría de los casos) se habla también de la posibilidad de transmisión por la leche materna, pero ésto no ha sido probado. Ésto podría ser a través de las lesiones que el niño causa en el pezón y la areola de la madre, al succionar, que lo hacen sangrar. Así mismo, la transmisión se da mas frecuentemente al principio de la infección por VIH-Sida o en la parte final (Sida). Actualmente con el tratamiento en especial con ZIDOVUDINA, la transmisión se reduce a un 8%.

La mujer es más vulnerable a la infección por VIH al tener un área de contacto mayor en la mucosa vaginal y del cuello uterino. Al exponerse al semen o sangre del compañero infectado, su riesgo de infectarse es mayor.

En la relación sexual el frote del pene y la vagina produce lesiones que hacen que el virus penetre. Igualmente, la vascularización de la mucosa vaginal, es decir, el tejido vaginal presenta mucho riego sanguíneo, o vasitos que se pueden romper o absorber sustancias con facilidad, también ayuda a la infección. Además debe realizarse una prueba confirmatoria, la cual también es indirecta (mide anticuerpos más específicos contra el virus western-blood e IFI). Aunque ahora ya hay pruebas más específicas (antígenos P24, PCR DNA, PCR RNA).

La reacción de Ricardo fue de espanto y terror. ¡Eso no puede ser cierto! ¡Eso es un invento de los médicos! Nosotros decidimos no contar nada a nuestros padres, sólo les dijimos que la niña tenía cáncer.

Después de 20 días de estar en este hospital especializado, los médicos me dijeron que me llevara la niña para la casa y que nada se podía hacer. Cuando salí de allí con mi niña en brazos, sentía como si la tierra se hubiese abierto y me estuviese tragando poco a poco. No sentía esperanza. Sentía rabia con Dios y lo más lacerante o doloroso era ver cómo esa niña, que cumplía 2 años ya no era la misma, ahora era un despojo humano. Yo me preguntaba, cómo hubiese podido evitarlo.

La visión de nuestra sociedad sobre la sexualidad está sesgada en cuanto al género, el hombre como prototipo del macho, tiene mayor facilidad para acceder a las relaciones coitales, es decir, están centrados en la genitalidad, donde la afectividad no tiene espacio.

María José decidió por convicción mantenerse virgen. Decisión que toman algunas jóvenes aún hoy en día, lo que representa su autovaloración, respeto, la seguridad en sí misma, donde no impera la presión del grupo social. La falta de información a veces nos puede conducir a equivocarnos por omisión. Es el caso del que estamos hablando. Conocer métodos de barrera como el preservativo o condón no son suficientes, sino más bien conocer el pasado sexual de la pareja y entender que cuando tenemos relaciones sexuales con la pareja tenemos relaciones sexuales con su pasado. En cualquier circunstancia es recomendable hacerse la prueba para el VIH antes de iniciar una relación de pareja en donde se desee tener hijos. Cuando la pareja ya toma la decisión de casarse o compartir sus vidas, es de sentido común hablar sin tapujos de la sexualidad, eso incluye el pasado.

Fueron días aciagos los que siguieron nuestro regreso a la casa. Yo sólo tenía vida para Jimena, en ese momento no pensaba en Ricardo ni me importaba su reacción ni su dolor, tampoco contemplaba la posibilidad de hacernos mutuamente el examen.

Dos meses después asistíamos al funeral de mi niña y fue cuando empecé a preguntarme ¿Entonces yo qué? A medida que pasaba el tiempo y de darme cuenta que ese es el dolor más grande que pueda sentir un ser humano, la pérdida de un hijo, volví a reconocer a Ricardo y lo vi tan distinto, como si viniera de un viaje muy largo. Físicamente se veía cansado, triste y desgastado. Ya no era el mismo al atender la tienda, parecía haber perdido completamente el interés por ella. Si antes hablaba poco ahora podría decir que se había vuelto mudo. Me pregunté dónde estaba el amor que sentía por él y me di cuenta que aún estaba en mi corazón. Pero así mismo, veía como surgía en mí un sentimiento de rabia hacia él como causante de todo lo que estaba viviendo. ¡Él tiene la culpa de todo lo que estoy sufriendo y sufrió mi niña! Empezó a enfermarse, a tener diarreas frecuentes, a perder cada vez más peso hasta que un día que tosía persistentemente empezó a vomitar sangre. Entonces me asusté y junto con su mamá lo llevé al hospital y allí se reinició el dolor como si fuese una rueda que no para de girar, como en un círculo. En ese lugar, después de mucho tiempo, volví a decirle a Ricardo que lo quería.

–Yo sé que no lo hizo intencionalmente. He sentido tristeza y rabia, pero fue por el dolor que tenía. Yo lo quiero mucho.

Fue entonces cuando él volvió a hablar. Comprendí que no hablaba porque se sentía culpable, y necesitaba de alguna manera mi perdón. Sentí la necesidad profunda de perdonarlo, pero así mismo, de reconocer en mí la dificultad para hacerlo. A partir de ese momento ya no había qué ocultar, nos habíamos hecho ambos la prueba y teníamos la certeza en un papel, la ELISA más el confirmatorio *(Western blood)*.

Yo lo acompañé hasta su última hora, en una mezcla de amor y odio, porque luchaba con esos sentimientos encontrados y empezaba a vislumbrar mi propia muerte, pues obviamente pensaba que también iba a morir.

En sus últimos días Ricardo confió en mí y me refirió algunos detalles íntimos:

–Yo empecé mi vida sexual a los 14 años, cuando mi padre me llevó a conocer cómo era tener sexo con una mujer. Apenas conocí a la mujer con quien tuve mi iniciación. A partir de ahí, continué teniendo relaciones sexuales con distintas mujeres, lo cual se acentuó más cuando estuve prestando el servicio militar obligatorio. Salía los fines de semana con mis compañeros a casas de mujeres trabajadoras sexuales. Amábamos la parranda.

Para mí... no fue sorpresa escuchar su historia, porque era lo que se usaba entre mi gente. Sin embargo, sí había en mí un sentimiento de rabia hacia él, porque había traído el VIH-Sida a mi vida y a la de mi hija.

Perdonar

Perdonar es mirar al futuro, y no guardar recuerdos del pasado. Perdonar es ser optimista, y creer que la vida y las personas tienen todavía muchas posibilidades. Para perdonar no hace falta abrazar, ni siquiera saludar. Basta mirar con amor y sonreír. La sonrisa es a veces el mejor abrazo. Quien sonríe así, sinceramente, pone en esa sonrisa lo mejor de su alma que perdona...

Pascal

Cuando María José terminó de contarme la historia y vi en sus ojos un brillo de nostalgia, pero así mismo de aceptación, me sentí muy conmovido, como sintiendo el dolor de mi hermana.

–¿Cómo has hecho para sobrevivir, o mejor aún para vivir?

–Cuando me dí cuenta que el tiempo no pasaba y mi salud se conservaba, empecé a sentir a ese Dios que lo da todo, que está cerca de uno. Cada día es como un milagro y se da uno cuenta que no es gratuito el continuar vivo. Entonces fue cuando reflexioné en lo que significaba el perdón y me dí cuenta que ello implicaba la aceptación de Ricardo tal cual era. Y sobretodo el no juzgar, ni mucho menos condenar.

–Y cuando sentí en mi corazón la realidad de sus palabras, me liberé y decidí vivir mi vida día a día, buscando cómo servir y ayudar a otros.

El tratamiento médico de las personas que viven con VIH, está muy centrado en el hombre, falta más profundidad y conocimiento respecto a la mujer. Igualmente faltan más prácticas enfocadas a la madre viviendo con VIH.

La mujer continúa siendo doblegada por el hombre, dando prioridad a todo lo externo, el esposo, los hijos, descuidando su autocuidado y la exigencia de sus derechos de género.

El estado, la sociedad y la familia deben abrir más campos de acción, educación y formación encaminados a mejorar la autoestima y la calidad de vida de las mujeres, igualmente la mujer debe ser consciente de su propia historia personal, de su valor como ser humano y la necesidad que tiene de capacitarse. Debe interesarse por mejorar su nivel educativo, buscar su propio espacio para crecer y posicionarse en sentido de igualdad con el hombre, respetando sus mutuas diferencias.

II. El fluido de la vida

A Luis Eduardo lo conocí en una novena de Navidad. Él solía ir a la Fundación, pero hacía meses que no iba. Después de la novena, comimos pasabocas y compartimos un rato con las personas que habían asistido. Comencé a hablar con él y le pregunté por qué necesitaba muletas para caminar. Él me contestó que debido a las sucesivas hemartrosis (acumulación de sangre en la articulación) que había sufrido desde su infancia, sus rodillas estaban muy desgastadas, lo cual le creaba dificultad para desplazarse.

Entonces le pregunté que si tenía una enfermedad de la coagulación de la sangre y él me contestó:

—Sufro de hemofilia y fui diagnosticado a los 4 años de edad.

Yo como médico sabía que la hemofilia es una enfermedad que se hereda, es congénita (porque uno nace con ella), que las mujeres no la padecen, pero la transmiten y sólo la sufren los hijos varones, aunque no necesariamente todos.

Él siguió relatándome su vida y cada vez me parecía más especial lo que él me hablaba.

–¿Usted puede imaginar lo que es sentirse enfermo toda la vida? Desde que tuve uso de razón recuerdo siempre estar enfermo. A los 4 años sufrí una caída y se me hizo un hematoma en un brazo. Mi madre me llevó al médico, quien me hizo el diagnóstico de la hemofilia. A partir de ahí mi vida fue muy diferente a la de otros niños. Mi madre temerosa de que sufriera una hemorragia me sobreprotegía impidiéndome jugar con otros niños y hacer movimientos fuertes, bruscos. Esto fue creando en mí la conciencia de aislamiento y de ser diferente a los demás niños. A veces cuando me escapaba de la protección de mi madre, y me daba a la aventura de ser niño, sufría las consecuencias de mi osadía y tenía que ser llevado al hospital para ponerme una transfusión de sangre.

Esto se hace porque la hemofilia es una enfermedad en la que falta el factor 8 de la coagulación (los factores son sustancias que se activan para formar el coágulo).

–Mi mamá me hacía sentir cada día más culpable, porque me reclamaba que por no estarme quieto tenía que llevarme continuamente al hospital. Esto iba creando una profunda sensación de abatimiento y de furia contra el mundo, que se manifestaba en la forma agresiva de relacionarme con otros niños, me daba puños con todos.

Para empezar a estudiar la madre lo matriculó en un colegio para adultos en la nocturna, pensando que los adultos lo iban a cuidar más, eso sucedió a los 7 años.

A medida que fue creciendo notaba como los niños más cercanos a él, (pues tiene hermanos varones, y fue el único que presentó la enfermedad) se iban desarrollando a plenitud en lo físico. Eran más grandes que él, más fuertes, de apariencia más sana y como ellos podían realizar lo que él no podía hacer, se dio en él una baja autoestima, un sentirse inferior a los otros. Cuando empezó la secundaria, al tener más conciencia de su enfermedad, lo matricularon en un colegio común y corriente, pero esto afectó más su autoestima.

–En mi adolescencia se me presentaron algunas dificultades para relacionarme con chicas de mi edad. Durante estos años tuve que estar muchos meses en cama, a raíz de las hemorragias que sufría y en particular por mis rodillas.

Un día conocí a un sacerdote que iba a visitar enfermos, entablé una amistad con él y al notar que pasaba mucho tiempo inactivo me dijo que tenía un taller de pintura donde se hacía pintura religiosa. Me sugirió que intentara pintar imágenes o íconos en los ratos que quisiera o que la enfermedad me lo permitiera. Empecé a emplear los ratos libres en tratar de hacer copias de esas imágenes y poco a poco fui descubriendo mi habilidad para copiarlas hasta que un día me di cuenta que las podría imitar a la perfección.

–¡Qué buen trabajo! ¡Es una excelente imitación! Me decía el sacerdote amigo.

Eso ha sido para él un gran refugio. Cuando me pongo a pintar es cuando me siento valioso e importante.

Por esos días conozco el libro *Creatividad curativa*. En el demuestran con casos reales el potencial que encierra la pintura, la escritura, la escultura, la música y la danza para influir positivamente en nuestra salud y bienestar. Aporta herramientas para desarrollar nuestra capacidad de curar.

Comenzar a hacer arte:
Las cuatro espirales de la curación creativa.

La espiral de la experiencia vivida
– *Hacer arte con las historias de la propia vida, con su enfermedad, sus experiencias.*
– *Meterse en sus sentimientos y sueños, las sensaciones de su cuerpo y sus recuerdos.*
– *Entrar en la propia experiencia.*

La espiral de la transformación
– *Esté en el presente.*
– *Deje que emerja la sabiduría interior.*
– *Usted es su propio testigo.*
– *No haga juicios y críticas.*
– *Deje que su arte tome forma.*
– *Su arte es un reflejo.*
– *Dése cuenta de que está cambiando.*

La espiral de adquirir poder
– *Libere su sanador.*
– *Sumérjase en el proceso.*
– *Utilice sus recursos interiores.*
– *Sienta que emerge su apasionado fuego creativo.*
– *Busque en su arte signos de su propio poder y fuerza.*

El espiral del amor
– *Tenga fe en lo que sucede.*
– *Esté abierto a usted mismo.*
– *Comparta su arte con los otros.*
– *Produzca su arte como un acto de amor.*

Michael Samuels
Creatividad Curativa

Cuando se empezó a hablar de VIH-Sida y de sus formas de transmisión y que una de ellas es por la sangre, es que empieza su temor a infectarse.

La infección por VIH-Sida se puede transmitir al transfundir sangre, hemoderivados (derivados de la sangre) y al transplantar órganos o tejidos humanos.

A la sangre se le debe realizar la prueba de VIH-Sida ELISA, al igual que debe hacerse para otras enfermedades que se pueden transmitir de esta misma manera (Hepatitis B, Hepatitis C, etc...)

En el hospital donde era tratado para su hemofilia le realizaban continuamente exámenes de ELISA para VIH, porque a él le continuaban haciendo transfusiones cuando presentaba hemorragias, transfusiones de hemoderivados (crioprecipitados) donde estaban además del factor 8 otros elementos de la sangre como linfocitos. Esos linfocitos como CD4 son las células que utiliza el VIH para replicarse.

Siempre que Luis Eduardo iba a recoger el resultado de la prueba sentía un gran miedo y era como si en su interior presintiera que algún día iba a resultar positivo.

–Si sale positivo el resultado ¡Me lanzo por un precipicio! Sería el colmo que además de sufrir por la hemofilia tuviera que agregar algo a mi ya difícil vida.

Esto no sucedió. Él empezó a recapacitar y a abrir su corazón a Jesús, como si abriendo su corazón fuera llenando su espíritu. Le daba un sentido distinto a lo que estaba sucediendo, a su existencia. Él de por sí tenía una formación religiosa, tenía el acercamiento al sacerdote que lo había enseñado a pintar.

En el momento en que se sintió más vulnerado, con todo el peso de la adversidad fue porque sintió que la conciencia de él se ampliaba y la visión del Jesús que está lejano se acercara y se manifestara en él.

Ahora vive su vida día a día, recibiendo tratamiento para la infección de VIH-Sida, en este momento no necesita colocarse hemoderivados para su hemofilia, porque se encuentra el factor 8 liofilizado, es decir, solo el factor 8 sin ningún otro elemento de la sangre. La presentación del factor 8 viene en polvo para diluir y se aplica en una inyección intravenosa. Ahora con el factor 8 liofilizado los hemofílicos no corren el riesgo de infectarse con el VIH.

Luis Eduardo tiene un sobrino, hijo de una hermana, que presenta su misma enfermedad y está siendo tratado con el factor 8 liofilizado, lo que es un gran alivio para él.

¿Son las transfusiones de sangre seguras? Ciento por ciento no. Porque el examen que se realiza para detectar el VIH, (ELISA) un método indirecto y lo que mide son los anticuerpos que el organismo ha formado contra el virus. Por este medio se detectan a partir de la octava semana después de que se adquiere el virus. En algunos casos, en la semana 12, de tres a seis meses. Esto se conoce como ventana inmunológica, que aún cuando el examen resulte negativo, el virus está presente y se puede transmitir. Esto es importante tenerlo en cuenta cuando nos vamos a realizar una prueba de ELISA para VIH. Al tener una situación de riesgo, la prueba debe hacerse después de 8 a 12 semanas para que sea confiable el resultado y repetirlo a los 6 meses (previa asesoría médica o psicológica). La única transfusión segura es la autotransfusión, que se puede prever cuando hay una cirugía programada. No en el caso de accidentes.

Aún cuando la sensibilidad de la prueba ELISA para VIH tipo 3 está cerca del 98 al 99% de confiabilidad, siempre hay un margen de error.

III. El bar

Una tarde haciendo consulta médica conocí a un muchacho llamado Javier, quien hacía unos meses había recibido su diagnóstico VIH positivo. Habíamos establecido una relación más de amigos, que de médico a paciente. En ese momento se encontraba muy triste y más que un profesional de la salud necesitaba a una persona que lo escuchara.

—Hoy, cuando venía caminando por el parque, estuve recordando a Manolo, mi pareja; es mucho decir, mi pareja, porque él ya no está. Hace un par de meses decidió marchase al extranjero. Los dos supimos de nuestro diagnóstico. En un principio hubo reproches mutuos y el querer acusarnos el uno al otro, de quién infectó a quién. Esto llevó a que nuestra relación se deteriorara y a que nos diéramos cuenta que de ese amor ya no quedaba nada, solo vacío y desesperanza... Sin darme cuenta venía tarareando una canción:

*Probablemente ya
de mí te has olvidado
y sin embargo yo
te seguiré esperando.
No me he querido ir
para ver si algún día
que tú quieras volver
me encuentres todavía.
Por eso aún estoy
en el lugar de siempre
en la misma ciudad
y con la misma gente
para que tu al volver
no encuentres nada
extraño
y sea como ayer
y nunca más dejarnos.
Probablemente estoy
pidiendo demasiado
se me olvidaba que
habíamos terminado.
Que nunca volverás
que nunca me quisiste
se me olvido otra vez
que sólo yo te quise.
Por eso aún estoy
en el lugar de siempre
en la misma ciudad
y con la misma gente
para que tu al volver
no encuentres nada
extraño
y sea como ayer
y nunca más dejar-
nos.
Probablemente estoy
pidiendo demasiado
se me olvidaba que
habíamos terminado.
Que nunca volverás
que nunca me qui-
siste
se me olvido otra vez
que sólo yo te quise.
Se me olvido otra vez
que sólo yo te quise.*

Se me olvidó otra vez

*Letra y música:
Juan Gabriel*

Manolo es un joven de 25 años, más o menos lo que yo tengo. Cuatro años duró nuestra unión. Nos vimos por primera vez en un bar gay, en un bar de ambiente. Yo solía frecuentar mucho estos sitios. Hoy me pregunto, ¿en busca de qué iba? Siento que buscaba un sustituto del amor porque creía que con el contacto físico, la relación sexual, me estaba llenando y ahora he entendido que no era así. Lo que más me gustó de Manolo fueron sus ojos claros y su porte. Esa noche no dejaba de mirarlo. En un principio él se hizo el indiferente, hasta que por último se me acercó. Por decirle algo, recuerdo que le dije que se me parecía a otra persona que yo conocía. Él entendió el mensaje y el resto de la noche seguimos hablando hasta que cerraron el lugar. A eso de las 2 decidimos pasar el resto de la noche en un motel. Yo sabía de sitios, entonces no había problema para que una pareja homosexual se pudiera quedar.

Ahora siento cómo en ese momento estaba repitiendo mi conducta de siempre y cuántas otras veces habían sido iguales. Tuvimos relaciones sin ninguna precaución, aun cuando yo ya sabía perfectamente cómo se transmitía la infección de VIH-Sida y otras infecciones de transmisión sexual (ITS). Ahora me pregunto ¿por qué no me cuidaba?

> *En nuestra sociedad, suele confundirse sexualidad con genitalidad. La sexualidad es la dimensión de totalidad de ser humano, su integridad, su visión del mundo, es interrelación con el otro, a partir de él mismo.*

> *Dimensiones como la corporal, emocional, social, mental y espiritual, actúan y se influyen recíprocamente. La sexualidad se manifiesta en el día a día en nuestra relación con todos los seres que nos rodean, es el ser hombre o el ser mujer (identidad sexual), el afecto, la gratificación y el placer.*

> *La falta de orientación y diálogo dentro del núcleo familiar, la misma falta de políticas educativas, oscurecen el sentido real de la sexualidad convirtiéndola en un mito, donde el morbo es la constante; centrándose en el hedonismo (quien busca el placer como único fin), lo cual lleva al ser humano*

o confundir sexualidad con genitalidad. La genitalidad es el coito y manipulación de los órganos sexuales externos, ya sea entre hombre y mujer (heterosexual), entre hombres o entre mujeres (homosexual), o mujeres y hombres que tienen relaciones sexuales con ambos sexos (bisexual). Se presentan también otras identidades sexuales: cuando el sexo con el que se identifica la persona no corresponde al sexo biológico (transexual), persona que se identifica con el sexo biológico, pero tiene una identidad de género diferente (travesti) y los individuos que biológicamente nacieron con ambos sexos (hermafroditas).

La problemática que encierra esta dualidad es la separación entre amor y sexo. La esencia de la infección por VIH es la manifestación de ese no-amor por uno mismo. Lo que lleva a nuestra conciencia y a nuestro cuerpo a reconocer en el amor el aprendizaje de la enfermedad.

En ese dejar de ser yo para ser tu. Ese es el amor sin barreras.

A partir de esa primera noche nos seguimos llamando todos los días y nos poníamos citas para vernos y compartir nuestra cotidianidad. Él y yo estábamos estudiando en diferente universidad y diferentes carreras. Yo sentía cómo mi afecto iba creciendo todos los días y me descubría a mí mismo pensando en él a toda hora. Y notaba cómo todo lo que sucedía lo relacionaba con Manolo, si escuchaba una canción o veía una expresión de afecto y empecé a creer que toda mi vida era él. Dicen que en una relación de pareja siempre hay uno que quiere más que el otro, el amante y el amado. Y yo me ubicaba como el primero de ellos.

Él, de alguna manera respondía a mis exigencias. Un día cualquiera decidimos ir a vivir juntos, compartir el mismo espacio. Yo ya estaba terminando mi carrera y tenía empleo, y Manolo tenía unos padres que tenían plata. Allí la situación fue a otro precio, porque el compartir el día a día, nos fue mostrando nuestro verdadero ser y empezamos a chocar y a tener dificultades de convivencia. Ya que de por sí he sido obsesivo, dominante y absorbente, me inquietaba si no llegaba temprano, si no venía, si no me llamaba, etc, etc...

En nuestro medio gay siempre se están presentando oportunidades de contacto y cuando se conoce a otro hombre es como si picara el gusanito de querer involucrarse con el otro. Nosotros por nuestras actividades separadas siempre conocíamos a otras personas y yo sé que tanto él como yo no podíamos resistirnos a tener sexo con ellos. Varias veces descubrimos nuestra mutua infidelidad. En una ocasión se me presentó un flujo en el pene, de aspecto purulento (pus), que me producía ardor al orinar y consulté a un médico quien me dijo que tenía gonorrea (ITS producida por una bacteria llamada gonococo).

Las ITS aumentan la vulnerabilidad a infección por VIH-Sida. Esta infección requiere un vehículo de transmisión (sangre, semen, flujos vaginales, leche materna) y una puerta de entrada al organismo (lesión en mucosas o piel) las infecciones de transmisión sexual al producir daños en los tejidos genitales hacen que esta puerta de entrada sea más grande y aumente la posibilidad de adquirir la infección por VIH-Sida.

Cualquier persona independientemente de su orientación sexual, está en riesgo de adquirir una enfermedad de transmisión sexual.

¿Cómo prevenir las ITS?
A quienes no han tenido relaciones sexuales, que se informen, que se les hable con claridad, es la base de la prevención. A los que ya han tenido relaciones sexuales, sugiero que se hagan la prueba de ELISA para VIH. Es mejor saberlo.

Los métodos de barrera son altamente eficaces, aunque con un margen de error. El condón o preservativo se debe saber usar, aunque no es la panacea, es decir, hay cosas más trascendentales, como el tener conciencia plena de cuándo se inicia la vida sexual activa.

El desarrollo sexual en la mujer produce cambios físicos y emocionales, se da en la pubertad, mediado por los estrógenos y la progesterona. La edad promedio actual de su desarrollo es de 11 a 12 años hasta los 17 en la pubertad tardía. La mujer es más precoz que el hombre en muchas cosas, es más despierta, más viva en este período. Aparece la primera menstruación, el desarrollo de los senos, el vello púbico, la disposición de la grasa corporal con el ensanchamiento de las caderas, por ejemplo.

Emocionalmente, la mujer se hace más sensible, aumenta su capacidad de receptividad. Tiene mayor facilidad de comprensión en conjunto, puede visualizar la situación en totalidad, con su visión global de las cosas.

En el hombre empieza esta etapa más tardíamente. La hormona básica que produce estos cambios es la testosterona. Físicamente se presenta la primera eyaculación o polución nocturna. El semen es el vehículo en que se transportan los espermatozoides, los cuales se originan en los testículos (células germinativas). El semen es el líquido protéico formado por la secreción de las glándulas de Cooper, las vesículas seminales y la próstata. Hay desarrollo de los genitales externos, aparición del vello púbico, vello corporal y facial. Aumento de la masa muscular y grasa en lo que es el tórax, extremidades superiores, inferiores. Se presenta también cambio de voz.

En algunos se aumenta la agresividad, el aislamiento e introversión. El hombre es más analítico, todo lo tiene que discernir y separar. Aún cuando en esta etapa el púber puede procrear, no hay una correlación entre su desarrollo físico, sexual, con su madurez a nivel psicológico, mental, emocional. Es cuando se necesita la orientación, en primer término del núcleo familiar, con el fin de darles a conocer los riesgos de un embarazo o de una enfermedad de transmisión sexual, pues no es fácil cuando no se ha recibido con claridad información sobre el tema. La sexualidad, es la expresión máxima del amor. Lo uno implica al otro, porque conforman una unidad. Cuando falta uno de los dos elementos, se cae en la genitalidad, en el sexo por el sexo, lo cual no da crecimiento personal. La sexualidad es la comunión de dos cuerpos, hay que dignificarla, engrandecerla, mirarla desde los valores humanos y desde Dios.

En la medida en que se pueda, esperar el inicio de la vida sexual y disfrutar del conocimiento del otro, de la interacción sexual sin genitalidad, recuperar el valor de la virginidad y no ceder a la presión de grupo. Es fundamental aprender a decir no en el momento oportuno.

A partir de ese momento nuestra desconfianza fue mutua y empezarnos a sentirnos vacíos y sin horizonte. El médico que me hizo el diagnóstico de la ITS me sugirió que me hiciera el examen de VIH previa asesoría. Yo ya había conocido acerca de varios amigos que estaban viviendo con VIH y en mi interior existía el temor de estar yo también infectado. Decidí no decirle nada a Manolo y un día opté por hacerme la prueba, la cual fue positiva. En un principio, como en la confirmación de mi temor, traté de no darle importancia pero en mí había una alerta que me avisaba que algo debía hacer para asumir la enfermedad. En esos momentos vi mi pasado y traté de contestarme el por qué era gay. El recuerdo más antiguo que tenía cuando a los 12 años empecé a sentir atracción por mis compañeros de colegio y a notar que muchas de las cosas que a ellos les caracterizaba no las veía en mí. Siempre fui de naturaleza delicada y de gestos suaves. Notaba que esto molestaba mucho a algunos compañeros, los cuales me ridiculizaban y me hacían sentir mal. Ello me llevó a una dicotomía entre mi vida familiar y mi vida escolar. En el colegio me sentí muchas veces discriminado por la intolerancia de mis compañeros. En el colegio era uno y en mi casa otro. Tampoco me sentía capaz de mostrarle a mis padres quién era yo. Notaba cómo mi padre, prototipo del macho me hacía comentarios indirectos respecto a mi identidad sexual. Yo le entendía perfectamente lo que me sugería y me sentía muy incómodo e infeliz porque sentía el rechazo e incomprensión por parte de él. Mi madre tenía la conciencia clara de lo que era, pero evitaba confrontarme y mis hermanos eran menores y aún no tenían el criterio para decirlo. Ante esta situación me sentía como un dinosaurio, como raro, diferente, es decir, como si fuera un animal exótico, distinto.

Empecé a pedir a Dios que cambiara mi condición y al ver que pasaban los años y esto no sucedía, me rebelé contra Dios y me declaré ateo.

Cuando empecé mi vida sexual a los 16 años con un hombre mayor, tomé la decisión de asumirme como era y asumirme como lo que era y mostrarme tal cual. En ese momento mi padre no supo entenderlo y tuvimos muchos choques y dificultades, porque percibía que él se sentía defraudado y en su estructura mental no podía entender por qué yo era así.

Ahora mi padre conoce mi diagnóstico y a pesar de que no comprende la situación del todo ya empezó a abrir las puertas de la comunicación y superar los resentimientos.

Respecto al origen de la homosexualidad hay varias teorías; que es genético, que hay un gen que predispone tanto al hombre como a las mujeres y que es heredado de la madre.

Se ha visto en homosexuales a quienes se les ha hecho necropcias, una región más grande en el hipotálamo, lo cual estaría relacionado con el ser homosexual.

Otro origen sería la influencia del entorno familiar y social en el que se desarrolla la persona. Como por ejemplo, una madre dominante o la ausencia de una figura de identificación sexual: el caso de una joven que tiene padre dominante y le falta la figura de la mujer, igual una madre o padre sobreprotectores que podrían llevar al hijo a esa inclinación homosexual.

El acercamiento sexual temprano entre adultos y niños (as) del mismo sexo también podría tener influencia.

*En último término las violaciones que ya entran en el campo
legal.*

*La identidad sexual de las personas, independientemente de su
origen debe ser respetada, aceptada y no discriminatoria.*

*Por identidad sexual se entiende cómo se reconoce un ser
humano con relación a su sexualidad.*

Finalmente decidí sincerarme con Manolo. Él se hizo la prueba y resultó
positivo. Fue entonces cuando nuestra relación se terminó y empecé a
reflexionar sobre mi vida, sobre Dios y la aceptación de mi enfermedad.

Ahora mi relación con Dios es diferente. He vuelto a sentir la necesidad
de Él y a mirar a la luz de mi fe la enfermedad y a pesar de que me siento
triste y de que no he asumido del todo mi situación, vislumbro un camino
de esperanza.

*El hablar con otra persona me ayuda a hacer catarsis, es decir
a sacar mis miedos y fantasmas.*

IV. La universidad

En el servicio de urgencias del hospital donde trabajaba desde hacía varios meses, me encontré una noche con un muchacho llamado Rafael quien había ingresado por un intento de suicidio. El día anterior se había tomado 40 tabletas de un fuerte antidepresivo. Llegó inconsciente y con signos vitales muy débiles. Se le hizo lavado gástrico y medidas de *sostén*, *líquidos endovenosos*, recuperándose con rapidez de la crisis.

En ese momento yo estaba pasando revista y leía con atención su historia clínica, cuando él me interrumpió diciéndome que me sentara a su lado y lo escuchara. Aunque el trabajo de urgencias requiere todo el tiempo del médico, yo sentía en mi corazón que debía escucharlo.

—Me llamo Rafael y cuando empecé con esto jamás imaginé dónde podría llevarme.

Yo le pregunté si se estaba refiriendo al suicidio y él me contesto que no, que quería hablarme de su problema de adicción a las drogas.

—En este momento tengo 29 años, soy huérfano de madre hace 5 años. Vivo con mi padre quien ya es un hombre anciano. Recuerdo la primera vez que consumí una droga. Yo tenía entonces 15 años, estaba en secundaria y en general era un buen estudiante. Una tarde cuando salí de clases, unos compañeros me dijeron que si quería fumar marihuana, que lo que se sentía era muy especial y además que como era una planta natural no hacía daño. Yo siempre quise ser muy aceptado en el grupo de compañeros, además de esto, me movía la curiosidad por experimentar algo nuevo. Nos fuimos a un parque, éramos siete, tres mujeres y cuatro hombres. Pantagruel era el apodo del líder de nuestro grupo, él armó el bareto utilizando esas hojas de seda de los libros antiguos.

Todos estábamos muy emocionados, unos ya lo habían hecho, otros no. Como en una especie de rito de iniciación, Pantagruel encendió el cigarro y lo fue pasando de mano en mano. Todos aspirábamos profundamente el humo y así mismo notaba el fuerte olor a marihuana al quemarse. Pasados unos minutos, me sentí transportado a otra realidad, me parecía ver los colores más brillantes y a la vez sentía gozo interior. De pronto sin razón alguna comencé a reírme y a reírme sin que pudiera detenerme. Eso lo llaman entre los consumidores habituales de marihuana la *risueña*. A otros les dio la *hambrienta* y tuvieron que irse a comer porque les da mucho apetito.

—Desde ese día quedé profundamente ligado a las drogas. Continué consumiendo marihuana. En un principio los fines de semana. A veces con el mismo grupo o con otras personas y en corto tiempo lo empecé a hacer todos los días y no siempre en compañía sino muchas veces solo.

Yo no lo interrumpía para que pudiera desahogarse y él continuaba haciendo catarsis, sacando todo lo que llevaba guardado desde hacía mucho tiempo.

–Mi madre era maestra en una escuela y mi padre trabajaba en oficios varios, era 20 años mayor que mi mamá. Yo no tenía hermanos. Ambos vivían ocupados, a pesar de que mi madre me consintió mucho, en mi adolescencia nos habíamos vuelto muy distantes. Yo sentía que los quería mucho, pero ahora me doy cuenta que realmente nunca hablábamos de nada, y la calle, la droga, me fueron llenando el vacío que dejaban mis padres.

> *Es importante que al adolescente se le deje ser, siempre acompañándolo. Sus mismas características, su inseguridad, inquietud, esa idea de incomprensión, soledad y rebeldía exigen la presencia de unos adultos (padres, educadores) que le permitan expresar sus ideas, cuestionar, equivocarse y dar soluciones a sus interrogantes. Así mismo, unos adultos que le enseñen con el ejemplo, que sean coherentes y que le hagan saber la diferencia entre libertad y libertinaje.*

–Cuando terminé la secundaria me presenté en la Universidad para estudiar idiomas, aún a pesar de mi continuo consumo de marihuana, conservaba mis deseos y facultades mentales intactas. El ambiente de la U era muy distinto al del colegio, allí nos sentíamos más adultos, capaces, más dueños de nuestra vida. Ahora me doy cuenta que aquello no era más que una mentira, lo digo porque en ese lugar conocí otras drogas. Todavía seguía convencido que el fumar marihuana no implicaba ningún riesgo porque era natural. Sin embargo, ahora me doy cuenta que ella junto con el alcohol fueron el conductor a experiencias más pesadas.

Una noche en una fiesta recién empezaba mi carrera, una amiga llamada Vicky, que por cierto me gustaba mucho, al verme muy borracho me dijo que si aspiraba cocaína, conocida entre nosotros como perico, me iba a dejar sobrio. Lo hice y efectivamente me sentí mejor. A partir de ahí no era sólo marihuana sino alcohol y cocaína también. Empecé a tener una relación con Vicky, ambos convertidos en asiduos consumidores de drogas. Nos sentíamos libres y dizque enamorados. Manteníamos relaciones sexuales cuando queríamos sin tener en cuenta nada. A pesar de que éramos muy jóvenes ya ambos teníamos un pasado sexual.

La farmacodependencia es una enfermedad considerada así por la Organización Mundial de la Salud O.M.S. Varios factores influyen en su origen, que puede ser genético, hijo de padres consumidores de drogas (alcohol, marihuana, cocaína, bazuco, tranquilizantes, opiáceos, etc...) Ausencia de la figura paterna o materna, física o emocionalmente, sobreprotección, trastornos de la personalidad y de comportamiento, presión de grupo en donde la persona para ser aceptada es inducida al consumo de drogas.

Se ha establecido que todas las drogas ocasionan adicción psicológica y en mayor o en menor grado física.

Igualmente, se ha observado la íntima relación existente entre el consumo de droga y las I.T.S. Obviamente, por el cambio de comportamiento en donde el individuo se desinhibe y pierde el control de sí mismo, colocándose en situaciones de riesgo, como lo es la actividad sexual indiscriminada.

—Con mucha dificultad logré terminar mi primer año de carrera. En el segundo noté cómo mi desempeño académico se deterioraba notoriamente. Tanto es así que no asistía a la mayoría de clases y sentía cómo la droga se apoderaba como un gran monstruo de toda mi vida. Mis padres que vivían en otra realidad, paralela a la mía, pero que nunca se encontraban, no se daban por enterados. Durante varios meses fingí estar cumpliendo con mi estudio, hasta que no pude mantener más la farsa, decidí retirarme. Cuando lo comuniqué a mis padres ellos reaccionaron con agresividad, temor y mucha rabia. Yo como buen manipulador les dije que iba a trabajar para sostenerme y ayudar en la casa. Conseguí un trabajo en una empresa de seguros, donde por un corto tiempo me desempeñé adecuadamente. Cuando recibía el salario, mi primer pensamiento era ir a consumir droga.

Mi relación con Vicky era más lejana y cada uno iba cayendo en su propio precipicio, sin que nos diéramos cuenta. En esos momentos mi consumo no era siempre con amigos o en fiestas, sino ya lo hacía solo y era de todos los días. Mi desempeño laboral no era el más adecuado y las ausencias a trabajar se iban repitiendo con más frecuencia. Mi jefe mostró en un principio un poco de comprensión, tratando de indagar cuál era la causa, pero ante mi irresponsabilidad optó por despedirme. Ahí fue cuando probé el bazuco. Hay personas que le dicen al bazuco el *susto*, porque les produce una sensación de acelere continuo y de miedo. Cada día me perseguía el deseo de consumir esta droga sin detenerme. Mis padres, ya ante lo obvio de la situación se dieron cuenta. Mi madre se sentía culpable y se preguntaba una y otra vez en qué se habían equivocado para que yo me viera en esa situación. Mi papá una persona irascible se ponía violento y quería que me marchara de la casa.

Farmacodependencia es un estado psíquico y a veces físico resultado de la interacción de un organismo vivo y un fármaco. Se caracteriza por modificaciones del comportamiento y otras reacciones que comprenden siempre un impulso irreprimible a tomar el fármaco en forma continua o periódica a fin de experimentar los efectos psíquicos producidos o para evitar el malestar producto de la privación.

El uso de sustancias psicoactivas es un hábito que altera el sistema nervioso central en el que se ven involucrados las concepciones y valores frente a la vida; de manera que se le teje una cotidianidad en una cultura donde códigos, símbolos y significados se reconstruyen para alimentar la contaminación del ecosistema humano.

—En aquel momento decidí marcharme de mi hogar a aventurar la calle. En un principio tuve que sobrevivir precariamente mientras consumía bazuco, entonces noté cómo iba perdiendo el cuidado por mí mismo, yo me bañaba con menos frecuencia, no cambiaba mi ropa y todos los días comía menos.

A pesar de que tenía algo de conciencia de mi estado y la culpa era cada día más grande, el deseo irrefrenable por consumir se imponía ante todo. Después de muchos meses de repetir la historia, un día en la Catedral a donde entré buscando un poco de paz y alivio, me encontré con mi padre que me dijo que mi madre estaba delicada de salud, que por qué no iba a verla.

Por primera vez se cruzó en mi mente la idea de perder a mi madre y el sentimiento que generó en mí fue tan grande y doloroso que me hizo abrigar la idea de abandonar el consumo.

Rafael terminó contándome que su madre había muerto días después y pudo ingresar a una comunidad terapéutica donde permaneció ocho meses y un día cualquiera optó por abandonar el tratamiento. Regresó a su casa y en ausencia del padre se llevó todos los enseres, los vendió y cambió con el fin de volver a consumir droga. Me decía que ese día fue el inicio del final. Cuando no tenía ya dinero para conseguir la droga, siendo él un muchacho apuesto, aunque descuidado en su aspecto físico, comenzó a prostituirse, sin importar si sus parejas eran masculinas o femeninas. Me contó que en esa época presentó varias ITS (Infecciones de Transmisión Sexual) como sífilis, condilomatosis y blenorragia. Todos los días se sentía más abrumado por la culpa y su estado físico más deteriorado. Pensaba que ya no había esperanza, que todo estaba terminado y que la única salida era la muerte. Fue cuando decidió hacer lo que lo trajo a urgencias a este hospital: intentar suicidarse.

Al terminar su relato vi que sacó del bolsillo un papel doblado y me lo entregó. Era un escrito sobre la palabra mágica "Quiero"

"Quiero" palabra mágica

El mundo está lleno de mediocres, son personas con carreras truncadas y peor todavía: de pobres seres humanos abandonados al vicio, porque no han conocido la fuerza, la magia de la palabra "¡Quiero!".

"Quiero", es la aceptación por parte de la voluntad de lo que le presenta el intelecto como bueno y conveniente, lo que se supone una previa reflexión de la meta que uno se propone y los obstáculos a vencer.

"Quiero" es la palabra mágica que rompe cadenas, acorta distancias, derrumba muros, así sea el de Berlín o la Muralla China; da ánimo para escalar la montaña más alta, y sostiene al caminante en la travesía del árido desierto.

"Quiero", es el deseo vehemente, la férrea determinación de ser alguien, de lograrlo, de llegar a algún sitio. Es la palabra que no busca pretextos, que no se detiene ante un puente caído, ante un árbol en el camino, ante una puerta cerrada, ante la fuerte lluvia no se deja amedrentar por los relámpagos.

"Quiero", es la palabra que ante un "No" rotundo, trabaja como cincel en la roca, hasta dejar una huella. Es la palabra que ha hecho de un vicioso, un hombre de bien; de un alcohólico, un abstemio; del parrandero, un hombre de hogar.

Y esta palabra mágica "Quiero", seguirá sacando a muchos de la pobreza, de la miseria y del anonimato, para colocarlos entre los grandes de la historia.

Juan Manuel Torres

Rafael fue remitido a la Unidad de Psiquiatría del mismo Hospital. Días más tarde lo visité y lo noté totalmente distinto. Era otra persona, su aspecto irradiaba luz y fue cuando me dijo que había llegado a su fondo y que lo único que le quedaba por hacer era resurgir de las cenizas como el ave fénix, yo le recomendé, después de una asesoría previa, que se hiciera la prueba para VIH (ELISA). Yo me fui convencido que a partir de ese momento su vida iba a ser diferente, con dificultades, pero mejor.

V. Una peligrosa muestra de laboratorio

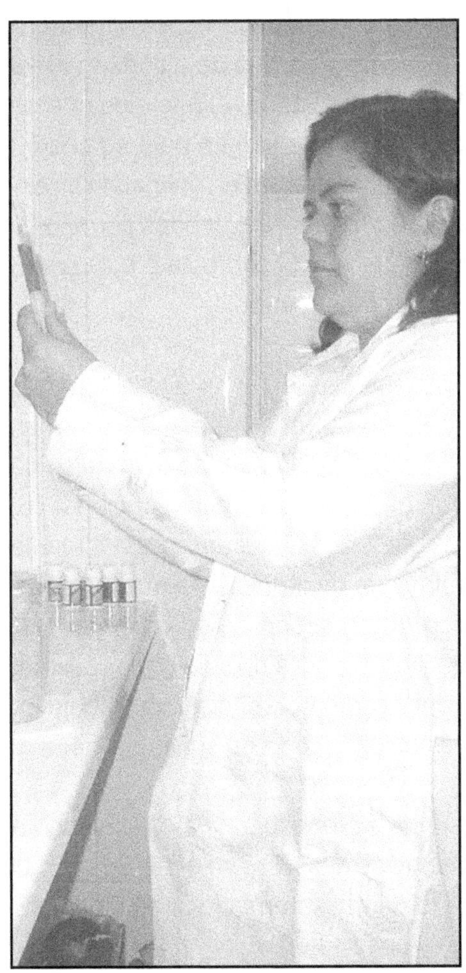

A veces tenemos presentimientos....

María Mercedes está sentada en la cafetería del Policlínico desayunando y en espera de iniciar su turno de trabajo en la mañana. Miles de ideas sin importancia pasan por su cabeza. Viste su uniforme blanco de auxiliar, medias y zapatos del mismo color, su cara es expresiva, se podrá decir que bonita. Vive en un barrio de clase media con su esposo quien es policía y sus dos niños Luis y David, de 4 y 2 años respectivamente. Desde hace 3 años trabaja en el Policlínico y se siente a gusto con su trabajo, aún cuando la remuneración no es lo suficiente.

Su jornada no parece augurarle nada nuevo. Se toma el último sorbo de café, alisa la falda de su uniforme y va a la central de enfermería del cuarto piso. Allí saluda a las compañeras del turno de la noche y con el Jefe de Enfermería inician el recorrido de revista para conocer las necesidades de los pacientes, cómo pasaron la noche y planean las conductas que se han de seguir en la mañana con cada uno de ellos. Va en grupo de seis saludando a los pacientes y escuchando atentamente las palabras del jefe.

En la habitación 416 se encuentra un muchacho de unos 16 años, de facciones delicadas, muy delgado y de ojos tristes, se llama Sebastián. María Mercedes le saluda con un afecto especial y demora unos minutos más en esa habitación. Sebastián lleva ingresado en el Policlínico 20 días, su diagnóstico es infección VIH-Sida. Esto conmueve especialmente a María Mercedes, por la juventud del paciente y porque de alguna manera ve reflejado en él a sus dos hijos. Mirando su historia, ella le dice que en un momento va a venir a tomarle una muestra de sangre para su cuadro hemático, que por favor no vaya a desayunar, entonces el muchacho asiente con la cabeza. Una vez terminada la ronda María Mercedes llama a su esposo quien se encuentra en la estación del sur. Él contesta preocupado, porque no es costumbre que ella lo llame a esa hora.

Le pregunta un poco nervioso que cómo está o qué pasa y ella le contesta que no, que sólo quería saber cómo estaba y para expresarle su amor. Más tarde ella misma se preguntaba por qué había sentido el impulso de llamarlo. Una vez hecho esto, recuerda al paciente de la habitación 416, va a la central de enfermería y coge los utensilios necesarios para tomar la muestra de laboratorio. Mientras camina a la habitación, de nuevo piensa en su marido y sus hijos y en lo importante que son en su vida y da gracias a Dios por su maravilloso regalo. Siempre ha sido una mujer devota, formada en un hogar católico, coherente con su creencia y su trabajo de enfermera, entendiendo que su profesión ante todo es servir al otro.

Al ingresar en la habitación 416 le sonríe a Sebastián y le dice: vengo a hacer lo que te había dicho. Él tímidamente se descubre su brazo derecho el cual se ve muy delgado y pálido. Ella lo mira y se emociona diciéndole:

–Debes comer mejor, la nutrición que requiere una persona que vive con la infección VIH-Sida exige un balance nutricional adecuado donde se incluyan los carbohidratos, las proteínas de origen animal y vegetal, grasas, minerales y vitaminas. Esto se requiere porque su sistema inmunológico es muy sensible a los desbalances nutricionales, conociéndose que el mismo estado de desnutrición ocasiona inmunosupresión, es decir, disminución en calidad y cantidad de los elementos orgánicos encargados de defender el organismo.

Sebastián la escucha atentamente y luego le comenta que todo lo que ella le está diciendo es muy complicado en su vida y le refiere su situación familiar, laboral y económica, que cumplir lo que le dice María Mercedes es muy difícil, que en su casa por cultura nunca han tenido en cuenta lo que significa comer bien, fuera de eso dice que el presupuesto no alcanza para diversificar su dieta. Este panorama es muy frecuente en nuestro medio, unas veces por poca información o ignorancia y otras veces por falta de recursos. Esta situación incide en la supervivencia de los pacientes viviendo con VIH, haciendo que desarrollen con más facilidad Sida y una vez presentado, que mueran con mayor rapidez.

María Mercedes se pone los guantes, como indican las medidas de bioseguridad, amarra el torniquete en el brazo de Sebastián e introduce la aguja en la vena colocando el tubo para recoger la muestra de sangre. Mientras se va llevando el frasco, ella contempla el fluido rojo oscuro que fluye de la aguja y piensa en la sangre y en el símbolo de la vida que representa.

> *Bioseguridad: son las actividades, intervenciones y procedimientos de seguridad ambiental, ocupacional e individual para garantizar el control del riesgo biológico.*

> *Medidas universales de bioseguridad: es el conjunto de normas, recomendaciones y precauciones, emitidas por entidades nacionales o internacionales de la salud, adoptadas o expedidas por el Ministerio de Salud tendientes a evitar en las personas el riesgo de daño o infección causado por agentes biológicos contaminantes.*

La muestra de sangre que toma la divide en 3 tubos de ensayo, los tapa y agita uno de ellos. Se retira los guantes y los desecha en el cubo de residuos. Se despide, hace un gesto de cariño apretándole el brazo y se dirige hacia la central de enfermería. En un recodo del corredor tropieza con una silla de ruedas atravesada y se cae rompiendo los tubos de ensayo. Un fragmento de vidrio contaminado por la sangre se introduce en la palma de su mano y corta la piel. María Mercedes sintió un dolor agudo y como mecanismo de defensa, sin darse cuenta, sostuvo su cuerpo sobre el charco de sangre. Matilde, una compañera de turno, se acerca a ella y la ayuda a levantarse. En ese momento María Mercedes es consciente de lo que acaba de ocurrir y siente una angustia interior muy grande.

Es llevada a la central de enfermería donde su compañera le practica las medidas pertinentes, limpia la herida con agua y una solución desinfectante, extrayendo el pedazo de vidrio de la mano. Por el intercomunicador llama al médico de turno quien sutura la herida y envía a María Mercedes donde el Jefe de Personal del hospital. Ella, ante su situación se deja llevar como si fuera un zombi. En la oficina de Gerardo Martínez se sienta frente al escritorio y con voz trémula relata lo sucedido. De allí la envían a la Compañía Aseguradora de riesgo profesional para que determinen la conducta a seguir.

En casos de accidentes de trabajo como el sucedido a María Mercedes, la compañía aseguradora ordena practicar los exámenes de laboratorio: ELISA para VIH, antígeno para la hepatitis B y C, anticuerpo para hepatitis B y C, con el fin de establecer la preexistencia de la enfermedad (es decir, sí esa persona estaba enferma antes del accidente).

La conducta a seguir es empezar a dar antiretrovirales desde el momento mismo del accidente. Posteriormente se realiza de nuevo en la prueba Elisa para VIH teniendo en cuenta el período o ventana inmunológica (tiempo en que los anticuerpos en reacción al virus están en número suficiente para que los resultados sean positivos).

Existen actualmente pruebas Elisa para VIH de tercera y cuarta generación, cuyos reactivos son de mayor sensibilidad, disminuyendo el tiempo de ventana inmunológica en 2 semanas (son exámenes de alto costo).

También debe hacerse la prueba a los 6 meses y en caso de que esta sea positiva, hacer el confirmatorio, el cual detecta los anticuerpos más específicos en contra de las proteínas de la cápsula del virus.

La familia de María y en especial Jerónimo su esposo se muestra muy preocupado y a la expectativa esperando el resultado final. El se ha mostrado comprensivo y ha seguido las indicaciones médicas, teniendo relaciones sexuales con María Mercedes empleando el preservativo.

Ella tiene la certeza de que el examen va a ser positivo y siente temor y angustia, porque aún cuando conoce la enfermedad y su desarrollo, no está segura cómo puede ser en su caso en particular. En ese momento empieza a replantear su vida y pensar en su trabajo, en la posibilidad de continuar o no y en todo lo que ha significado el servir al paciente, al más necesitado, al enfermo.

Piensa en que la situación que está viviendo puede afectar su futuro desempeño, en que si las defensas se disminuyen puede verse expuesta a adquirir otro tipo de infecciones, pero así mismo se da cuenta de cómo su vida quedaría truncada si no pudiese continuar siendo enfermera. Estas ideas pasan por su cabeza mientras ojea un libro de poesía. Encuentra un poema de Gabriela Mistral, que por el título llama su atención, introduciéndose en su lectura...

El placer de servir

Toda la naturaleza es un anhelo de servicio.
Sirve la nube, sirve el viento, sirve el surco.
Donde haya un árbol que plantar, plántalo tú;
donde haya un error que enmendar, enmiéndalo tú;
donde haya un esfuerzo que todos esquivan;
acéptalo tú.

Sé, el que apartó la piedra del camino, el odio entre los co-
razones y las dificultades de un problema.

Hay la alegría de ser justo; pero hay, por sobre todo,
la hermosa, la inmensa alegría de servir.

¡Qué triste sería el mundo si todo él estuviera hecho,
si no hubiera un rosal que plantar,
una empresa que emprender!

Que no te llamen solamente los trabajos fáciles.
¡Es tan bello hacer lo que otros esquivan!

Pero no caigas en el error de que sólo se hace mérito con los
grandes trabajos; hay pequeños servicios que son inmensos
servicios: adornar una mesa, ordenar uno libros, peinar un
niño, en tu hogar.

Aquél es el que critica, éste es el que destruye;
tú sé el que sirve.

El servir no es faena sólo de seres inferiores.
Dios, que da el fruto y la luz, sirve.
Pudiera llamársele así: El que sirve.

Y tiene sus ojos fijos en nuestras manos y nos pregunta cada día:

¿Serviste hoy? ¿A quién? ¿Al árbol, a tu amigo, a tu madre?

Gabriela Mistral

Ella responde a estas preguntas y siente cómo ha servido también a sus hijos y a su esposo a quienes ama por encima de todo.

En este momento se ilumina su mente y encuentra cómo a través del servicio está en esta situación, pero comprende el sentido total del servicio, el darse a sí mismo a pesar de lo que pueda suceder.

Pasados unos meses y ya con el resultado que confirma el diagnóstico, es decir que está viviendo con VIH, ella toma le decisión de seguir trabajando. Habla con Jerónimo y sus hijos y les explica en forma clara lo que es la infección por VIH-Sida, el tratamiento a seguir y la esperanza real de una buena calidad de vida por muchos años.

VI. El amor como posibilidad de sanación

"El Sida no es una calamidad sino una luz..."

El no ver me ha hecho enfrentar con más valor la vida, me ha impuesto una dificultad, pero me ha dado más fuerza para vivir.

He aprendido que lo importante es la aceptación total de la enfermedad con amor. Somos seres espirituales. La dificultad es inherente a nuestra condición humana, no nos podemos resistir a la dificultad, sino enfrentarla.

La enfermedad es un camino hacia la perfección. La conciencia le va diciendo: Te estás equivocando. Cuando tomo en serio las cosas, veo que debo caminar por otra parte.

Es como una escalada, hasta que finalmente nuestra conciencia nos mueve más duro. Si se resiste al cambio que le ofrece la enfermedad va a ser peor. Si no se resiste a esa oportunidad de crecimiento, la vida se va a volver algo maravilloso. Yo quiero la enfermedad, pero no por eso digo que no quiero sanarme. Pero la quiero porque gracias a ella en gran medida, soy lo que soy ahora.

Estamos para engrandecer nuestro espíritu con el diario vivir, con el contacto con el otro. Las tristezas, las alegrías, las dificultades, etc... nos hacen crecer. El vivir está en enfrentar esos problemas. Antes me aislaba del mundo y de la gente y me ponía en mi pedestal de médico y no me abría a la otra persona. Ahora tengo muchas ilusiones.

> *Cada vez que me levanto*
> *y veo que a mi lado estás*
> *me siento renovado*
> *y me siento aniquilado*
> *aniquilado si no estás.*
> *Tú controlas toda mi verdad*
> *y todo lo que está de más.*
>
> *Tus ojos me llevan lentamente al sol*
> *y tu boca me habla del amor y el corazón*
> *tu piel tiene el color de un rojo atardecer.*
>
> *Y es por ti...*
> *que late mi corazón*
> *Y es por ti...*
> *que brillan mis ojos hoy*
> *Y es por ti...*
> *que he vuelto a hablar de amor*
> *Y es por ti...*
> *que calma mi dolor.*

Y cada vez que yo te busco
Y no te puedo aún hallar
me siento un vagabundo
perdido por el mundo
desordenado si no estás
cómo mueves tú mi felicidad
y todo lo que está de más.

Tus ojos me llevan lentamente al sol
y tu boca me habla del amor y el corazón
tu piel tiene el color de un rojo atardecer.

Y es por ti...
que late mi corazón
Y es por ti...
que he vuelto a hablar de amor
Y es por ti...
que brillan mis ojos hoy
Y es por ti...
que calma mi dolor.

Es por ti
Juanes

Como médico no veía al paciente como una totalidad, como ese ser que es espíritu y cuerpo. Cuando me vi en la situación del paciente comprendí lo injusto que a veces somos como profesionales de la medicina y la profunda necesidad que tiene el enfermo de ser tomado en cuenta y no tratado como una enfermedad.

Mandamientos de los servidores de los enfermos

Yo soy el enfermo, tu amo y señor:

1. *Honra la dignidad y sacrilidad de mi persona, imagen de Cristo, por encima de mi fragilidad y limitaciones.*
2. *Sírveme con amor respetuoso y solícito: con todo tu corazón, con toda tu inteligencia, con todas tus fuerzas y con todo tu tiempo.*
3. *Cuídame como quisieras tu ser atendido, o como lo harías con la persona más querida que tengas en el mundo.*
4. *Sé voz de los sin voz: hazte defensor de mis derechos, para que sean reconocidos y respetados.*
5. *Evita toda negligencia que pueda poner en peligro mi vida o prolongar mi enfermedad.*
6. *No frustres mi esperanza con tu afán e impaciencia, con tu falta de delicadeza y de competencia.*
7. *Soy un todo, un ser integral: sírveme así. No me reduzcas a un número o a una historia clínica, y no te limites a una relación puramente funcional.*
8. *Conserva limpios tu corazón y tu profesión; no permitas que la ambición y la sed de dinero los manchen.*
9. *Preocúpate por mi pronta mejoría; no olvides que he venido al hospital a salir recuperado lo antes posible.*
10. *Comparte mis angustias y sufrimientos: aunque no puedas quitarme el dolor, acompáñame. Me hace falta tu gesto humano y gratuito que me hace sentir alguien y no algo, o un caso interesante. Y... cuando hayas hecho todo lo que tienes que hacer, cuando hayas sido todo lo que debe ser, no olvides darme las gracias.*

(De la espiritualidad de San Camilo de Lelis)
Patrono de los que trabajan en salud.

VII. Más grandes que el amor

Después de un proceso duro de enfermedad en el que perdí la visión, vi la necesidad de acudir a una Institución que pudiera ayudarme en mi proceso de rehabilitación. Conocía por terceras personas la existencia de la Fundación Darse. Allí, fui recibido con mucha calidez. Inicialmente conocí a Jairo Andrés Ibarra, estudiante de Derecho y voluntario de la Fundación. Sostuve un diálogo muy ameno con él y a través de su voz pude imaginar a una persona joven, inteligente y muy humana. A raíz de lo que hablé con él me citó al siguiente día para hablar con el Dr. Fabián Medina, director de la Fundación.

En esta entrevista, hubo empatía inmediata, me ofreció ayuda y que si quería podía ir a vivir allá. Me explicó que el hogar era un sitio de paso, donde lo importante era que la persona recuperara su dignidad y de alguna manera se pudiera reintegrar a la sociedad. A través de mi percepción me di cuenta que el Dr. Fabián era una persona honesta, con una gran capacidad de servicio y sobre todo de dar amor.

Como en ese momento tenía la necesidad de un sitio donde vivir, acepté gustoso la invitación. Al principio me vi sumergido en una realidad desconocida porque compartía mi vida con un grupo de seres humanos muy heterogéneo. Noté cómo mi discapacidad visual en un principio les causaba desconcierto, el no saber cómo ayudarme. A medida que los iba conociendo a través de sus voces, imaginaba cómo eran y me daba cuenta que había personas de todas las edades, sexos, condiciones sociales, nivel cultural.

En mi interior sentía que aquella diversidad era como una radiografía de nuestro país y veía plasmada en ella la realidad de la infección por VIH-Sida. Es decir, todas las culturas, sexos, condiciones sociales están siendo afectados.

La infección por VIH-Sida en la fase SIDA (enfermedad propiamente desarrollada), tiene múltiples manifestaciones, a causa de la inmunodeficiencia.

Hay enfermedades oportunistas, que son ocasionadas por gérmenes que aprovechan la debilidad de un sistema de defensas disminuido. Estos gérmenes pueden convivir con personas sanas sin causar enfermedad, pero en mi caso, al caer mis defensas a niveles muy bajos y la carga viral estar muy alta (millones de copias por centímetro cúbico) un virus oportunista llamado citomegalovirus, de la familia herpes, dañó mis retinas y además ocasionó una neuropatía periférica en mis miembros inferiores. La neuropatía es una enfermedad del sistema nervioso periférico que afecta los nervios que son responsables de recibir órdenes del sistema nervioso central para que las piernas sientan y se muevan.

Estas no son la únicas enfermedades oportunistas, hay muchas otras, como la toxoplasmosis, criptococosis, hystoplasmosis, criptosporidiasis, neumosistosis, pcarinni. *Algunas de estas enfermedades son tratables y depende del estadio de ellas, algunas pueden dejar secuelas y otras no, ayudándose con los antirretrovirales.*

Yo tenía referencia de la Dra. Helena Garavito, pero la conocí personalmente en la Fundación. Recuerdo que en ese momento ella regresaba de una viaje a la costa. Me saludó con mucho afecto y me contó que estaba sintiendo cómo una de sus piernas estaba perdiendo fuerza y que no se explicaba por qué. Ella moriría un año y medio después a causa de una ELA, Esclerosis Lateral Amiotrófica, que la fue paralizando progresivamente, en sentido ascendente. Por eso fue que empczó a manifestársele en los miembros inferiores. La Dra. Helena fue la fundadora e inspiradora junto con otras personas. Ella se entregó al servicio de la Fundación, siendo el ejemplo vivo del nombre de la Fundación "Amar no es dar, sino DARSE", proclamado por Santa Teresita del Niño Jesús.

Se cuestiona mucho la existencia de las Fundaciones, como vivienda, como hogar, pero ante la falta de compromiso del estado, de la discriminación de la sociedad por ignorancia y de las políticas neoliberales, esos espacios se han hecho importantes e indispensables para dignificar a la persona que está viviendo con VIH y ayudarle a asumir una nueva vida.

La cobertura de la salud a que tengo derecho me facilitó el servicio del CRAC, centro de rehabilitación para adultos ciegos; donde aprendí a ver de otra manera: con los oídos, las manos, el olfato y con el sentimiento. Entender que el estar ciego como lo decía el escritor Jorge Luis Borges, no es sino otra manera de vivir, entendido como todo lo que significa el vivir.

Uno de los planes de los que me he privado es el leer por mis propios medios y esto me trae a la memoria el día en que conocí el libro que da el título a este capítulo. Una amiga muy querida, colega, quien fuera directora del programa VIH-Sida del Ministerio de Salud de Colombia, Dora Clemencia León me sugirió la lectura de este libro de Dominique Lapierre, el cual dejó en mí una profunda huella. Con la frase: "Vosotros sois más grandes que el amor" termina el libro. En una de sus solapas nos da una visión general de la obra: "Relata el incesante combate de todos aquellos médicos, investigadores, sanatorios, víctimas que se muestran cada día aún más grandes que el amor en la realización de su vocación o en la aceptación de sus sufrimientos".

Esta obra resalta el valor de todas las personas que en el mundo trabajan o viven con el VIH, dándole un sentido de humanidad muy grande y haciéndonos entender la gran enseñanza para el mundo, para el ser humano, que trajo la epidemia.

En el CRAC me encuentro en la Unidad Profesional haciendo muestra de trabajo, en Talleres de Capacitación. Las temáticas son sobre VIH-Sida, infecciones de transmisión sexual, ITS, diabetes y sobre cuidados en salud en las personas con discapacidad visual. Ya llevo haciendo este tipo de trabajo no remunerado desde hace varios años en diferentes Instituciones.

El estar en la Fundación me ha permitido realizar tanto la rehabilitación personal como el servicio a otras personas. A través de mi profesión médica y pedagógica he podido sentirme de nuevo como un ser humano útil; he sentido la receptividad, el afecto y la gratitud con que las personas escuchan mis mensajes y mi testimonio de vida. Recuerdo las palabras de San Francisco de Asís en la oración de la paz que ... dando es como recibimos.

La vida en una Fundación es difícil en cierta medida por la diversidad, pero no imposible. Se necesita respetar los espacios, escuchar al otro, compartir y servir sin discriminar. Es importante cultivar el sentido de pertenencia y de autoabastecimiento para lo cual la Fundación tiene una microempresa llamada Tejiendo vida. No sólo habla de lo material, sino que es más profundo: tejer los lazos entre las personas, lazos emocionales de esa neofamilia que se esta formando.

VIII. La cultura de la muerte

La muerte no existe...
es una manera de trascen-
der...

He visto morir a tantas personas a lo largo de mi vida profesional. Unas se entregan con facilidad, otras se resisten, pero nunca olvidaré una experiencia que viví en la ciudad de Medellín.

Una mañana fui llamado de urgencias. Él era un ingeniero civil, que tenía un *sarcoma de Kapotsi*, es un cáncer que se presenta normalmente en las estructuras vasculares de la piel y en las mucosas (piel, mucosa oral, esófago, estómago, intestino, incluso en los pulmones).

Antes de que se hablara de la infección por VIH-Sida era una enfermedad que se veía sólo en individuos ancianos de raza caucásica (blancos). Su presentación en personas jóvenes hizo que la comunidad médica se preocupara en 1982 por investigar la infección.

En ese momento vivía con su compañera, una mujer joven, de aspecto agradable, quien solía vestir con sari, como visten los hindúes, era artista, pintaba vitrales. Cuando llegué al apartamento sentí una energía muy especial, ella se hacia llamar lluvia. Me recibió y me dijo que quería que hablara con Álvaro. Dios nos coloca en el sitio exacto y en el momento adecuado.

Entré a una habitación en penumbras y él estaba sentado a contraluz, entonces no lo distinguía bien, quedé como cegado por la luz. De pronto escuché una voz profunda y muy agradable, me acerqué a él y le tendí la mano, me dijo que por mi forma de hablar yo no era de la región, entonces yo le dije que sí, que era del interior. Me contó que en ese momento estaba sufriendo a causa del edema (acumulación de líquido por el daño en los vasos sanguíneos) y que le impedía movilizarse. Esto le producía dolor. Después de examinarlo con rigor, me di cuenta de lo avanzado de su enfermedad. Él me dijo que solamente quería medicamento para el dolor, que sentía como su final era un principio.

Y entonces me contó una experiencia vivida por él hacía algunos días. Me dijo que una tarde mientras dormitaba, sintió una presencia angelical junto a su cama, era una ser muy hermoso y con mucha luz. El se identificó y le contó que era el Ángel de la muerte (en contraste con lo que el común muestra, el esqueleto con la guadaña).

El Ángel le dijo: Yo soy el Alfa y el Omega (principio y fin) y cuando vayas a dar el paso para trascender, yo estaré contigo y la luz que vas a percibir y sentir, es inefable, indescriptible.

Entonces yo me quedé impresionado y a raíz de esto, Álvaro me decía que entendía cómo el morir era un renacimiento y establecía un paralelo entre el nacimiento y la muerte, haciendo de estas dos experiencias las más importantes de la vida de un hombre.

Hablando de la cultura de la muerte, en nuestro medio no la hay, ésta se ve como algo terrorífico y sin esperanza y a las personas que están en tránsito de morir, a causa de una enfermedad, se les condena la ostracismo, por el miedo que sienten a los demás en relación con la muerte. A las personas se les condena, porque eso los toca directamente.

Él, en esa situación la había superado gracias a su profunda creencia en Dios y al inmenso amor y comprensión de Lluvia.

Yo continué visitándolo y siempre mi encuentro con él era una enseñanza de vida, porque era alguien que aceptaba todo. Un día me preguntó que si tenía mi maleta lista, eso me causó temor, desconcierto. Le pregunté: ¿piensas que me voy a morir? El se rió y me dijo que como seres mortales siempre debemos estar preparados para partir, ligeros de equipaje. Lo que me dijo me hizo reflexionar y desde entonces veo lo importante que es vivir el día a día, estar siempre en el aquí y en el ahora, entendiendo que el pasado ya no existe y el futuro no ha venido.

El día de su partida, me encontraba junto a él y empezó a decirme cómo de nuevo estaba viendo al ángel de la muerte, él lo llamaba Azrael y cómo le estaba mostrando un túnel de luz.

—Mira el túnel de luz y camina hacia él.

Yo le pregunté cómo era el túnel y me respondió:

—Es un túnel azul cobalto y siento una paz más allá de cualquier descripción.

Entrecerró sus ojos y con una sonrisa se despidió.

> *"Ven muerte tan escondida*
> *que no te sienta venir,*
> *porque el placer de morir,*
> *no me vuelva a dar la vida"*
>
> Teresa de Ávila

Esas imágenes se me han quedado grabadas en la mente.

Otros pacientes antes de morir me han relatado que familiares y amigos muy queridos vienen a visitarlos, puede ser en sueños o en visiones y les anuncian el día de la partida, cómo van a acompañarlos y en efecto así ocurre.

También he visto casos de las personas que sufren mucho para morir porque están muy apegadas a la vida, resistiéndose a partir. También el apego de los familiares, que no permite que la persona pueda descansar, se apega con un acto egoísta, prefiere verlo sufriendo a permitirle descansar.

En el caso de los niños la muerte en ellos sobreviene con mayor tranquilidad y con signos aparentes de menor sufrimiento.

Todo lo anterior me ha llevado a tener la certeza de no estar de acuerdo con la eutanasia.

> *Eutanasia es la muerte provocada por un acto médico, a través de una inyección letal o por otros mecanismos.*

> *La eutanasia en muchos países es legal, mientras que en otros es un acto penalizado.*

> Algo que siento profundamente es el hecho que la vida es sagrada y que sólo le pertenece a Dios, pienso que la manera de morir está dentro del plan de Dios. Es un aprendizaje.

He oído algunos casos de personas que viviendo con VIH-Sida deciden suicidarse. No encuentran una razón para vivir, ni ningún camino de esperanza. En este aspecto incide mucho el rechazo, la discriminación y la ignorancia de la comunidad en general. Usualmente la persona empieza con un ánimo triste, no hay nada que le cause placer, las actividades mínimas de sobrevivencia se siente incapaz de hacerlas, el sólo hecho de levantarse, y comer les cuesta. Es urgente un tratamiento psiquiátrico inmediato y la familia debe estar atenta a los avisos del suicida para acompañarlo, asesorarlo y en lo posible evitarlo.

La prevención está ahora encaminada a las redes, al entorno, a lo que es la familia, los amigos, todo lo que hace una red. La prevención solo a la persona en sí no sirve de mucho, no se logra el objetivo. Es necesario el compromiso de los padres, de las familias, de la comunidad en general, de las políticas del Estado.

IX. El amor de los que ayudan

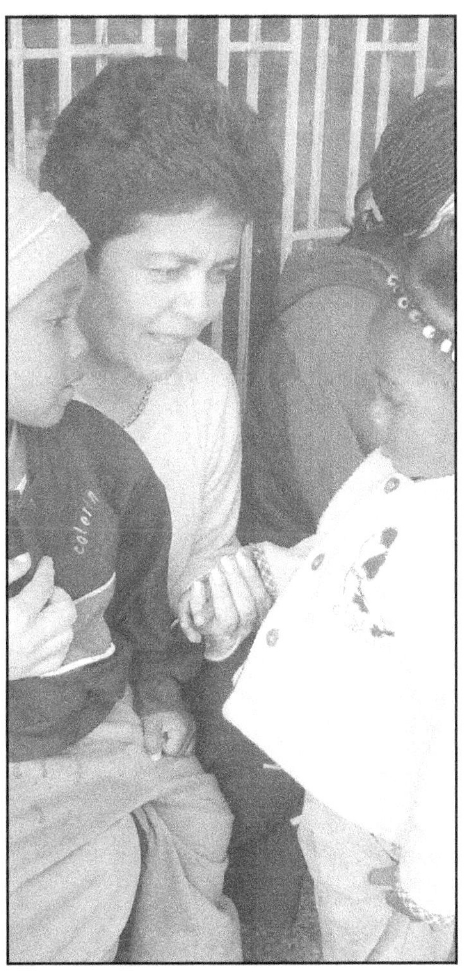

Este país no se ha desecho por el trabajo silencioso, el amor de los que ayudan. Yo que he estado en la necesidad, que me ha tocado que me sirvan, he sentido la solidaridad de muchas personas.

Es otro aprendizaje el aprender a recibir, porque el dar y recibir hacen parte del ritmo de la vida. Dar y recibir no solo en el plano material, sino también las cosas del espíritu y ante todo el amor, que en últimas lo es todo. Lo único que realmente saldrá de esa sensación de fracaso en la vida, de la soledad, de la impotencia, de la enfermedad, es el amor. Como el abrirse para recibir, para incorporar algo nuevo a él mismo, romper la barrera del yo para empezar a ser tu. El amor universal de Dios es así. El amor de Dios es para todos.

Cuando estuve trabajando en la

Fundación Eudes, en prevención de I.T.S. conocí a Dora, una médica internista. Inicialmente no hubo empatía entre nosotros. Yo en ese momento tendía a ser solitario, retraído, a ella le inquietaba mi silencio, me miraba con esos grandes ojos oscuros como con inquietud, como interrogándose qué será de él? También conocí allí a una psicóloga llamada Lilia. Recuerdo que fue en un almuerzo que la vi, sentada a la cabecera de la mesa con el coordinador de la casa. Me impactó su serenidad y su mirada adormilada y misteriosa. Ellas trabajaban allí y yo les ayudaba en prevención, en esa época yo veía perfectamente. Poco a poco nos fuimos conociendo más y empezamos a tener la sensación de que nos conocíamos hacía mucho tiempo.

Dora empezó a trabajar en el Ministerio de Salud como directora del programa de VIH-Sida y nosotros montamos el programa de prevención en la Fundación Eudes. Viajé a Medellín a trabajar 2 años y regresé a Bogotá. En ese momento fue cuando conocí a Cony, en un Grupo de vida, una corporación que trabajaba con VIH-Sida y farmacodependencia. Es una mujer pequeñita, muy tierna, maternal, todas ellas se destacan por su inteligencia y su gran corazón. Cony es psicóloga, especializada en *Farmacodependencia*. Posteriormente fundó *Ecolibertad*, cuya filosofía se basa en los trabajos del psiquiatra colombiano Luis Carlos Restrepo acerca de la ecología humana, las relaciones afectivas que establecemos con los otros y "la necesidad de iniciar un trabajo de reconstrucción cultural mediado por el paradigma de la ternura".

Los cuatro nos hemos dedicado a sanar el alma, porque realmente al hablar de las enfermedades, éstas tienen su raíz en nuestra conciencia, son el espejo donde se refleja nuestra sombra, todo aquello que no hemos asumido conscientemente. Es decir, me he dado cuenta que nuestra alma tiene un modelo de expresión que es el cuerpo. La enfermedad nos hace sinceros porque ella nos habla de lo que necesitamos trabajar conscientemente.

Poco a poco hemos ido aprendiendo a escucharnos, es decir, el estar atento a la necesidad que tiene el otro de hablar y comunicar.

*Cuando te pido que me escuches
y tu empiezas a aconsejarme,
no estás haciendo lo que te pido.*

*Cuando te pido que me escuches
y tú empiezas a decirme por qué
yo no debería sentirme así,
no estás respetando mis sentimientos.*

*Cuando te pido que me escuches
y tú piensas que debes hacer algo
para resolver mi problema,
estás decepcionando mis esperanzas.*

Acompañando a los que sufren

Los cuatro hemos sentido la necesidad de trabajar en sanación, en parte por nuestras profesiones que son relacionadas con la salud y en gran medida, porque a través del trabajo de meditación que hacemos, que realizamos una vez por semana, hemos aprendido a ponernos en contacto con nuestra esencia espiritual, con nuestro corazón que nos habla y él ha ido revelando nuestro propósito como seres encarnados, el cual es el del servicio a través de la sanación. Hemos descubierto cómo en el acto de sanar está implicado todo el ser del sanador y todo el ser de quien necesita la sanación. Al referirme a todo el ser me refiero a que se sana con el sentimiento, compañía, afecto. Se puede sanar con la voz, con las manos, así mismo con las sustancias vegetales, minerales y químicas. Ante todo el ayudar a sanar o curar es un acto holístico, integral, donde hemos aprendido que el paciente no puede ser mirado como un síntoma o como un órgano interno, sino como un ser espiritual que tiene una experiencia de enfermedad en lo físico, entendiendo que en la solución o sanación de la enfermedad la persona que la padece debe ser un ser activo en su curación, a través de aprender el propósito o la enseñanza que conlleva.

El conocimiento que tiene Dora sobre medicina alternativa nos lo ha transmitido junto con las sesiones de estudio realizadas en el grupo. Como amigos también hemos tenido choque por nuestras distintas maneras de ser, lo que nos ha mostrado que los seres humanos somos espejos los unos de los otros, en el sentido de que aquello que nos molesta en el otro es porque nosotros lo tenemos y no lo aceptamos. Siempre ha primado el amor de amigos y el respetar el camino de cada cual. Hemos entendido cómo no podemos cambiar al otro pero sí podemos acompañarlo en su proceso de vida.

Hay otra persona que está ingresando al grupo muy amiga de Dora, es Clarita, una abogada muy disciplinada y ordenada en sus cosas, quien ahora siente la necesidad de encontrarse a sí misma. He ido descubriendo que detrás de esa postura hay un ser muy amoroso, sensible, perceptivo. Queremos conseguir un sitio donde podamos realizar trabajo de servicio, sanación y enseñanza en las prácticas de meditación, encontrar ese contacto con nuestro ser espiritual. El real sentido de la vida está ahí, como el poder tener la capacidad de descubrir en el otro, detrás de su máscara social, el ego, que somos dioses en embrión, todos tenemos la chispa divina.

Ejercicio para aprender a escuchar la voz interior

Durante media hora en la mañana y media hora en la tarde o noche, retirarse a un lugar donde se pueda estar solo. Allí en absoluta quietud, ya sea sentados o acostados (si suele dormirse fácilmente es mejor estar sentados) estar en silencio, renunciar al lenguaje, a la palabra hablada. En un principio nuestra mente se rebela, pueden aparecer imágenes, sentimientos. No se fije en ellas, déjelas pasar.

> *Centre la atención en la respiración y en los dos actos: inhalar
> y exhalar, colocando la lengua contra el paladar y haciendo
> la inhalación entrando el aire hasta la pelvis y exhalando
> lentamente sin pensar en nada.*
>
> *Con la práctica la mente se aquieta y se rinde a la decisión
> del espíritu.*

A la Fundación Darse, donde actualmente estoy viviendo llegan personas cuyo servicio también es invaluable, nos han enseñado y han permitido sentirnos acompañados, consolados y aceptados, una de ellas es Edith quien nos orienta para practicar el Tai Chi, una técnica oriental que lleva al conocimiento del ser, a través de ejercicios corporales que incluyen posturas y trabajo con la respiración. Nos hace reflexoterapia con masajes en la planta de los pies, estimulando los puntos donde están reflejados cada uno de los órganos. Ella es un ser angelical, muy dispuesta al servicio, siente que allí ha encontrado su Dharma (propósito de vida). Considera que los ángeles son entidades que Dios pone a nuestro servicio, nos ayudan a través de nuestra vida. Ella recomienda que cada uno aprenda a estimularse los puntos reflejos en la planta del pie.

William Guerrero es un homeópata puro, a diferencia mía que soy un médico tradicional, él usa la iridología (puntos reflejos en el iris de los ojos) para hacer diagnóstico. Creo que en el tratamiento de una enfermedad, la medicina es una sola, no se puede excluir la medicina tradicional y homeopática, pueden ir de la mano.

Por todas estas personas siento un infinito amor. He visto cómo todas ellas reflejan exactamente el sentido de la palabra servicio y de cómo en la prevención de las E.T.S. o I.T.S. son de un valor incalculable. Para que la calidad del mensaje sea eficaz y las campañas de prevención logren su objetivo, nuestra vida debe ser coherente con la enseñanza que expresamos; ésto los jóvenes lo perciben perfectamente.

He ido aprendiendo que a pesar del dolor y la enfermedad, uno no debe preguntarse qué van a hacer los otros por mí, sino ¿Qué puede hacer cada uno por el otro?

"La bondad es la única inversión que nunca falla"

Henry Thoreau

A donde vayamos, debemos dar un abrazo, un saludo, una sonrisa... Cuando se da incondicionalmente, se recibe en abundancia.

X. Jugando a ser madre

En una clínica privada tuve el caso de una mamá que llevó a su hija de 14 años a abortar, porque se dio cuenta que estaba embarazada. La llevó sin contar con el consentimiento de la niña, porque para ella era más importante guardar las apariencias.

–¡Usted es menor de edad y no tiene derecho a opinar! ¡Qué van a decir los vecinos!

La realidad es que por último la niña fue sometida a un aborto, la mamá siempre creyó estar apoyándola. ¡Es por su bien! Asumió hacia ella una actitud agresiva y restrictiva. Esto hizo que a los 16 años se fuera de la casa con un muchacho en busca del afecto y la comprensión que nunca vivió en su hogar. Después volví a encontrarla y me decía que siempre se preguntaba porqué habían decidido por ella sin tenerla en cuenta, sentía que su vida estaba marcada por ese hecho y lamentaba profundamente no haber conocido a su hijo. En ese momento la acompañaba el padre de su niño que nunca supo la verdad, su nombre era Cristian.

En 1984, durante la Convención Estadounidense sobre Derecho a la Vida, en Kansas City, Missouri, el Dr. Bernard Nathanson, un ex-abortista, mostró un sonograma (película de ultrasonido) de un aborto por succión. El siguiente es el relato dado por una de las delegadas, Mrs. Sandy Ressel:

"La pequeña niña tiene 10 semanas de vida y es muy activa. Podemos verla en sus juegos moviéndose y volviéndose, chu- pándose el dedo pulgar. Podíamos ver su pulso normal de 120 pulsaciones por minuto. Cuando el primer instrumento tocó la pared uterina, la niña se replegó inmediatamente y su pulso aumentó considerablemente. El cuerpo de la niña no había sido tocado por ningún instrumento, pero ella sabía que algo estaba tratando de invadir su "santuario".

Nosotros vimos con horror cómo –literalmente- maltrataban y descuartizaban a este pequeño ser humano. Primero la espina dorsal, luego la pierna, pieza por pieza; mientras la niña convulsionaba violentamente, vivió casi todo ese trágico proceso tratando de esquivar el instrumento cortante. Con mis propios ojos vi su cabeza echada hacia atrás y su boca quedó abierta, a lo que el Dr. Nathanson llamó "un grito silencioso". En una parte de estas escenas sus pulsaciones habían lle- gado a 200, porque tenía miedo. Por último, fuimos testigos de la macabra silueta del fórceps buscando la cabeza para destrozarla y removerla, ya que era muy grande para pasar por el tubo de succión".

Cristian es de los jóvenes que cree que las consultas médicas son para las mujeres y que en el embarazo, a excepción del momento de la procreación, no tiene nada que ver con él. Sí se mostraba interesado en conocer la manera de evitar un embarazo, pero no en acompañar a su pareja ni en saber sobre su salud sexual reproductiva.

Nuestra cultura machista latinoamericana ha creado un vacío en lo referente a la salud sexual de los hombres, a quienes no se les ha enseñado a consultar a un médico.

Es necesario que el joven se haga reconocimientos médicos periódicos, con los exámenes de laboratorio pertinentes. Así mismo cuando la pareja está en embarazo, acompañarla a las consultas médicas y ser un apoyo activo en ese periodo de gestación. No son un cero a la izquierda.

En uno de los talleres que realizo en los colegios sobre sexualidad y prevención, recibí el testimonio de una adolescente de 15 años, Karen, quien entre nerviosa y dolida, inicia su testimonio diciendo:

–Mi historia es diferente a la de las demás.
Me di cuenta que estaba embarazada a los 6 meses pues como no me llegaba el período una tía que quiero mucho, me llevó al médico y él nos dijo que tenían que hacerme una ecografía.
El resultado decía: 6 meses de embarazo.
Mi tía muy sorprendida me preguntó que con quién y cuándo había tenido relaciones.

El cuerpo de la mujer adolescente no está preparado para el embarazo. Se encuentran más complicaciones relacionadas con la gestación en el caso de primigestantes (primíparas = primer parto) púberes o adolescentes.

Siendo la más frecuente la pre-eclampsia y la eclampsia que son patologías que se manifiestan por aumento de la tensión arterial, por hipovolemia que es disminución del volumen sanguíneo, por insuficiencia renal que son los trastornos en la circulación placentaria que influye en la alimentación del bebé y por último, la eclampsia suele producir alteraciones

*del sistema nervioso central y complicaciones como muerte
materna y/o fetal.*

Otra de las alteraciones frecuentes es la diabetes *relacionada
con el embarazo (trastorno del metabolismo del azúcar) que
hace que los niños nazcan más grandes y por tanto afectan
la sobrevivencia del niño y por lo tanto puede nacer con hi-
poglicemia, bajo en azúcar.*

A Karen se le llenaban los ojos de lágrimas y su voz temblaba a medida que
me contaba su historia. El siguiente paso que dio fue decirle a su mamá,
que también estaba embarazada de 8 meses, que el hijo que esperaba era
de su padrastro, es decir que estaban embarazadas del mismo hombre.

Ayudando a prevenir el abuso sexual

- Se considera abuso cualquier contacto de naturaleza sexual entre
  un menor y una persona adulta. Puede ir desde el exhibicionismo,
  hasta la penetración genital.

- Así como se les debe enseñar a los niños y jóvenes sobre el derecho
  a la intimidad de su cuerpo, es necesario hablarles también sobre
  el respeto por el cuerpo de los demás, tanto en miradas, palabras
  y juegos, como en tocamientos y acercamientos.

- Hay que brindar a los niños la confianza necesaria para que ellos
  puedan hablarle sobre cualquier situación extraña que les preocupe,
  sin temor al castigo o la recriminación: hay cosas que no deben
  callarse.

- En la adolescencia la presión de grupos es muy fuerte y puede
  llevarlos a comprometerse en actividades de tipo sexual, que los
  chicos o chicas no desean aún vivir. Enséñeles a decir no ante este
  tipo de situciones: quien usa el chantaje, no es un amigo.

Colección Derechos de los Niños
Fascículos 2. Secretaría de Salud
Alcaldía Mayor de Bogotá
Colsubsidio. 1998

–Yo le dije a mi mamá que quería regalar el niño pero ella me dijo que lo abortara. Me dio unas pastas para que me las tomara para abortar pero se arrepintió y me dijo que mejor que no lo hiciera. Se puso a llorar y me pidió perdón, diciéndome que me quería ayudar.

Karen continuó su embarazo y al término de éste fue sometida a una cesárea.

> *En la mujer adolescente las distocias (diferencia entre el tamaño del bebé y la pelvis de la niña que no es lo suficientemente grande para permitir el paso del bebé) se presenta con mucha frecuencia, ocasionando que los partos en general deban ser por cesárea.*

> *La cesárea es una cirugía en la que se abre el abdomen inferior para tener acceso a la cara anterior del útero, el cual se abre a su vez para extraer el bebé.*

Cuando los niños y jóvenes no tienen una buena comunicación con sus padres deben buscar un adulto en quién se pueda confiar, para pedirle ayuda en situaciones de abuso sexual, o sencillamente, para charlar con ellos sobre los temas que no se atreven a tratar. Ese adulto puede ser un profesor, un psicólogo del colegio, un sacerdote o pastor, una religiosa o un familiar.

En Bogotá, Colombia, existe la línea telefónica 106 de la Secretaría Distrital de Salud, atendida por Psicólogos con una excelente calidad humana. El propósito de este servicio gratiuto es el de brindar asesoría psicológica a niños, adolescentes y padres, sobre diferentes problemáticas, como son la violencia intrafamiliar, deserción escolar, dificultades de aprendizaje y abuso sexual.

Los casos detectados como abuso sexual son remitidos a la Unidad de Delitos Sexuales de la Fiscalía.

Los niños y jóvenes no deben guardar silencio cuando están siendo abusados. También pueden buscar la ayuda de la policía, Comisaría de Familia, Bienestar Familiar.

Recuerden uno de sus derehos: "Derecho a una protección especial para su desarrollo físico, mental y social, en condiciones de libertad y dignidad".

Las I.T.S. que algunos adolescentes creen que son común y corrientes también pueden afectar, sin tratamiento, todo el organismo y extenderse al bebé en la vida intrauterina y también al nacer.

–Me abrieron y me sacaron el niño. Pesó 3.200 gr. y midió 50 cm. Todos los días llego y le doy pechito y tetero, por la noche sólo pecho.

Cuando se le pregunta por sus sentimientos hacia el padre del niño, se muestra resentida y sus rasgos faciales se endurecen.

–Él me destruyó la vida. Ahora no puedo salir a fiestas por tener que cuidar el niño. Yo espero que pase el tiempo. Darle tiempo al tiempo a ver si lo puedo perdonar. Yo ahora no lo perdono. Él dijo en la Fiscalía que yo lo buscaba, fue a presentarse porque prefería así y no que lo mandaran a la cárcel porque dicen que allá le cortan el pene a los violadores.

Ella dice que no necesita psicólogo porque vio en un programa de televisión que a un muchacho le habían dado en el tratamiento un montón de pastas y esas pastas lo habían matado. Que ella no necesitaba terapias porque en la casa la apoyaban.

> *La madre adolescente necesita terapia psicológica que la ayude a aceptar su embarazo, trabajar la culpa, que se refiere al origen del embarazo, por haber tenido vida sexual activa, y que también ocasiona disminución de la autoestima.*

Es necesario que se libere de esa culpa para primero perdonarse a sí misma y luego perdonar a su entorno, que hace relación al papá del niño, a su familia...

A medida que va creciendo esa madre adolescente va a hacer una vida normal. En su corazón debe perdonar al papá. El no tener rencor u odio es importante. Perdonar por su misma salud.

Los psicólogos no dan medicamentos, dan terapia con base en el diálogo. Está también la psicoterapia, relajación e hipnosis.

Karen continuó pensando en voz alta, expresando su inquietud interior

–A veces me pongo a pensar, cuando vienen al colegio a darnos charlas... me pongo a pensar si yo tuviera Sida, me daría duro... me volvería loca... haría locuras, seguiría adelante hasta donde llegue.

Karen dice que las I.T.S son enfermedades común y corrientes, esa es su concepción, pero su mayor preocupación es que no podría seguir lactando al niño.

Los tejidos de la mujeres en la pubertad y adolescencia son más débiles y propicios para adquirir infecciones de transmisión sexual.

Ahora se escucha frecuentemente el término de Infecciones de Transmisión Sexual, I.T.S., esto hace referencia al periodo infeccioso de la enfermedad, el periodo en que la persona adquiere el virus, el parásito, la bacteria, el hongo... no manifiesta enfermedad, pero igualmente la transmite.

Inquietudes de los jóvenes sobre el sexo y la sexualidad

Hay que analizar con gran sensatez la realidad de los noviazgos de hoy, no negándolos sino asumiendo que para hacerlos menos conflictivos es la educación la mejor opción. Educación para la responsabilidad y educación para la toma de decisiones.

Enciclopedia del sexo y de la educación sexual. Zamora editores. Tomo 1 Colombia 1996.

Cuando los jóvenes tienen la posibilidad de expresar sus dudas, pensamientos y sentimientos que a veces los inquietan a un profesional que explica con claridad y sin tabúes cada pregunta, se sienten respetados, valorados y sobre todo escuchados. Ellos perciben que la orientación que se les brinda es sincera, respetuosa y basada en los conocimientos que como médico, creyente y persona experta en prevención de infecciones de transmisión sexual puede brindar.

Estas inquietudes se resuelven a continuación, en forma de preguntas y respuestas.

Inquietudes sobre las I.T.S. y el sistema inmunológico

1.   ¿Qué es y cómo funciona el sistema inmunológico?

El sistema de defensas o inmunológico tiene como función defender el organismo de los agentes externos que lo puedan enfermar (es una de sus funciones). En el caso de las infecciones los agresores son:

–   Los virus
–   Los parásitos
–   Las bacterias
–   Los hongos

Para que se de la enfermedad infecciosa los microorganismos nombrados deben pasar las barreras de defensas que tiene el organismo:

–   La piel
–   Las mucosas (tapizado externo de las cavidades del cuerpo, como boca, fosas nasales, vagina, recto, etc...)

Si comparáramos nuestro organismo con un castillo, las barreras que tendrían que atravesar los intrusos para entrar, serían: las murallas, las puertas, el puente levadizo, que equivalen en el organismo a la piel y las mucosas.

Una vez dentro, el castillo tiene centinelas que vigilan la presencia de extraños, esos son los primeros que detectan la entrada del agresor. Son número 1 en el cuerpo los *macrófagos* o *fagocitos* que se comen el agresor. A través de un mensaje químico, envían la alerta al comandante del ejército defensor el cual codifica (procesa) la información para saber si ya hubo contacto anterior con ese enemigo. Ese comandante es la célula principal del sistema inmunológico y lo llamamos Cd4. Una vez hecha la codificación, el comandante envía un mensaje químico a los soldados, llamados en nuestro organismo *linfocitos* B, los cuales son los encargados de crear armas específicas contra el enemigo. Esas armas se conocen con el nombre de *anticuerpos*.

Para cada tipo de infección el organismo crea sus propias armas o sus propios anticuerpos.

2.   ¿Qué hace el virus del VIH en el cuerpo?

Cuando el virus ingresa a la sangre, él se adhiere a un receptor que tienen las células Cd4, ingresa en su interior y utiliza el material genético del Cd4 para replicarse (multiplicarse). Esto ocasiona que muchas células Cd4 estén siendo destruidas continuamente por el virus. La Cd4 es la célula más importante del sistema de defensas, en ella está la memoria inmunológica que es lo que evita que muchas infecciones cuando ya las hemos tenido se vuelvan a presentar. (Es el mismo principio de la vacuna).

3.   ¿Todas las infecciones de transmisión sexual son ocasionadas por virus?

No. También pueden ser ocasionadas por bacterias, como *la gonorrea, la sífilis, el linfogranuloma venéreo, el chancro blando, la uretritis* por *clamidia.* Otras son por hongos, como la *candida albicas* o *monilia*, o por parásitos como la *tricomoniasis.*

4.   ¿Qué riesgo tienen las ITS si no se tratan?

–Si no se tratan a tiempo pueden causar esterilidad o infertilidad (gonorrea) o embarazo extrauterino.

–Cáncer del cuello uterino o de pene (virus de papiloma humano).

–La sífilis es una enfermedad que puede matar a la persona tardíamente; o producir discapacidad (como daños en la médula espinal *tabes dorsal,* daño en el sistema nervioso central, *aneurismas vasculares* que hace que por ejemplo la aorta se adelgace y se pueda romper.

–El *herpes genital* no tiene tratamiento y también causa infertilidad.

–Pueden ser mortales la *hepatitis B* y *C* y el *VIH-Sida* si no hay tratamiento.

–Todas las ITS aumentan el riesgo de adquirir el VIH porque tiene más puertas de entrada, al tener tejidos lesionados.

–Las enfermedades venéreas son las llamadas I.T.S.

## 5.	¿Para detectar esas enfermedades qué se debe hacer?

Primero, reconocimiento médico. Él determinará si es necesario un frotis del flujo vaginal o secreción uretral, un examen de sangre, citologías o pruebas específicas como antígeno anticuerpo para hepatitis B o C.

Si se presenta algún síntoma como los explicados anteriormente, recurra al médico de su confianza para que les realicen un examen adecuado. Muchas de estas enfermedades se detectan con la sola observación.

## 6.	¿Qué es la prueba de ELISA para VIH?

El Elisa es un reactivo que detecta los anticuerpos que el organismo forma para combatir el virus. Estos es una prueba indirecta, porque no está detectando el virus.

Se requiere practicar pruebas confirmatorias ante una prueba de Elisa positiva llamada Western Blood, detecta los anticuerpos específicos que se forman contra las diferentes partes de la cápsula del virus (cápsula formada por proteínas, las cuales son el antígeno, que desencadena la respuesta inmunológica). Antígeno es la sustancia reconocida como extraña. Esas dos pruebas son indirectas. (Son pruebas directas el cultivo del virus, el PCR DNA, el PCR RNA, antígeno P24, etc... que son costosas en general).

Para el diagnóstico se utilizan las indirectas en nuestro medio.

7.   ¿Cómo se tratan esas enfermedades?

Según la etiología (causa) de la enfermedad se tratan, unas con antibióti-
cos, con sustancias destructivas locales. En caso de hepatitis B y C para
aminorar los sistemas se combate con reposo, hospitalización y se aísla
el paciente por un tiempo.

8.   ¿Cómo se puede evitar o prevenir la transmisión de las I.T.S?

La prevención es una invitación, se debe hacer a partir de la familia, de
manera limpia, abierta y clara.
Debemos mirar la sexualidad de frente, como expresión misma de nuestro
cuerpo.
Sin embargo, para los que ya tienen relaciones sexuales deben usar un
preservativo (condón). Lavar los genitales con agua y jabón después de
tener relaciones.
Es importante cuando se tiene una vida sexual activa, someterse a exámenes periódicos y tener tratamiento.
Se debe informar a la pareja cuando se tiene una enfermedad venérea para
ir a tratamiento y evitar tener contacto sexual hasta que estén sanos.
El compromiso debe ser el protegerse a sí mismo y a la persona con quien
se tiene contacto íntimo.

9.   ¿Qué significado tiene la muerte para usted?

La muerte es la última experiencia de nuestra vida, la más trascendente,
la que nos abre a un nuevo nacimiento, la que nos lleva a estar en contacto con nuestra realidad espiritual porque somos espíritus viviendo una
experiencia en cuerpos y no como solemos pensar que somos cuerpos con
alma. Tengo la certeza que la muerte es una experiencia bella, un ángel
que nos acompaña todos los días de nuestra vida.
Si tuviésemos esta visión de la muerte, el tabú, la discriminación que
genera la infección VIH-Sida y otras infecciones de transmisión sexual,
desaparecerían.

10. Usted en alguna ocasión dijo que otro de los motivos por los cuales las personas con VIH-Sida son discriminadas es porque la enfermedad se transmite mayormente por vía sexual. ¿Por qué?

Porque nuestra visión de la sexualidad no es clara, limpia ni amorosa, sino por el contrario, es sucia, morbosa, oscura y generadora de culpa. Cuando aprendamos a verla como uno de los dones más preciados que nos ha dado el Creador, como la máxima expresión del amor interpersonal, nos daremos cuenta que las I.T.S. no son más que enfermedades y el estigma desaparecerá.

Inquietudes sobre adolescencia, noviazgo y sexualidad

1. ¿Es aconsejable tener relaciones sexuales con el novio o la novia antes del matrimonio?

Una de las opciones es la permanecer castos antes del matrimonio o de una unión formal. Solo en el matrimonio se deben vivir las relaciones sexuales. La castidad es la capacidad de integrar la sexualidad dentro del plan de Dios. La sexualidad tiene un lugar privilegiado dentro de esa realidad de amor, es comunicación que fundamentalmente ayuda a crecer.

2. ¿Por qué a los jóvenes nos aburre ir al médico?

En gran medida los médicos no le damos confianza plena al paciente, las infecciones de transmisión sexual avergüenzan a las personas y al mismo médico le cuestiona su sexualidad. Esto bloquea la comunicación y hace que el joven sienta temor y permite que la enfermedad continúe sin tratamiento, agravándose las consecuencias.
El médico que atiende a personas con estas enfermedades debe ser abierto, tranquilizador, no juzgador, debe recordar que él está para ayudar a prevenir, a comprender, consolar y sanar.

Si el médico es más cercano al paciente y más comprometido, puede lograr un resultado terapéutico más eficaz.

La explicación clara de qué es lo que tiene la persona, qué tanto afecta su salud, los exámenes que se debe practicar, cuál es el tratamiento a seguir y cómo puede evitar infectarse, es lo que debería hacer un buen médico.

3. Nosotros recibimos propuestas de ir a la cama ya. ¿Qué podemos hacer?

Primero, antes de ir a la cama hay que hacer muchas cosas. Debemos tener un proyecto de vida que ayude a realizarnos. Vivir la sexualidad como un todo, con el estudio, el trabajo, otras actividades diarias. No confundir sexualidad con genitalidad. Sentirse seguro por el camino que vamos. Aprender a decir no y también a escuchar el no de otras personas. Eso es lo más maravilloso del amor, que se entienda la pareja, que sean tu y yo y no sólo yo.

4. ¿Es verdad que una mujer no puede quedar embarazada con la primera relación sexual que tenga?

Falso. Existen todas posibilidades que una mujer con su primera relación sexual quede embarazada si está ovulando. Incluso sin que el hombre tenga eyaculación sólo con el líquido pre-eyaculatorio puede darse el embarazo.

5. ¿Qué hay de cierto que la mujer sangra cuando tiene su primera relación sexual?

Depende de las características anatómicas del himen (tela que se encuentra en el introito o entrada vaginal) porque hay hímenes que se rasgan y producen sangrado y hay otros hímenes complacientes que no sufren rasgaduras con la penetración.

6. **¿En el hombre qué pasa en su primera relación sexual?**

Desde que el aparato genital masculino sea normal, no hay molestia ni dolor. Este se presenta cuando existe estrechez del prepucio (fimosis), en tal caso debe hacerse la circuncisión que es una cirugía en la que se secciona o remueve parte del prepucio dejando el glande o cabeza del pene al descubierto.

7. **La masturbación es un tema del cual poco se habla. ¿Nos puede explicar si hace mal a los jóvenes?**

Dentro del desarrollo normal, en la pubertad y en la adolescencia se considera normal, como una manera de conocer el cuerpo. A veces crea problemas por la cultura de la gente. Cuando la persona llega a la edad adulta, la masturbación se vuelve innecesaria, es mejor la relación de pareja.

8. **¿Las mujeres se sienten mal cuando los hombres son morbosos o usan palabras vulgares al hablarles?**

Las mujeres se sienten molestas cuando empleamos palabras soeces o las miramos con morbo, pero no son solamente las mujeres quienes se sienten mal, sino la gente en general. Hay un ejemplo claro de la forma como miramos la sexualidad de una manera sucia y ofensiva cuando se emplea dentro del vocabulario expresiones como gonorrea, para ofender a otras personas.

9. **¿Tener sexo con una persona bisexual puede aumentar el riesgo de adquirir una infección de transmisión sexual?**

Independientemente de la identidad sexual del individuo, sea éste heterosexual, homosexual, bisexual, transexual, etc... el tener relaciones sexuales sin protección, puede aumentar el riesgo de adquirir una enfermedad de transmisión sexual

10. ¿Haciendo sexo oral se transmite el Sida?

Si se puede transmitir. En el caso de que se esté practicando sexo oral a un hombre el líquido pre-eyaculatorio de éste, que contiene el virus, puede ponerse en contacto con la mucosa oral, que de por sí es muy vascularizada (vasos sanguíneos) especialmente en el área sub-lingual (de por sí la mucosa oral suele presentar lesiones que se ocasionan en el diario vivir, con el cepillado, con la masticación, etc...) facilitando así la penetración del virus.

Obviamente la eyaculación del semen en la cavidad oral aumenta la posibilidad de transmisión.

En el caso de sexo oral a una mujer el vehículo de transmisión serían las secreciones vaginales que se ponen en contacto con la mucosa oral.

La persona receptora es la más susceptible a adquirir el virus.

11. ¿Qué siente una persona cuando tiene relaciones sexuales?

Cuando la relación sexual está limitada a la genitalidad, puede no sentirse placer sino frustración. La mujer en su primera relación sexual, si no hay la confianza y el amor y la comprensión suficiente puede sentir dolor no sólo físico, sino emocional.

Cuando se ejerce la sexualidad como un todo que implica el cuerpo, el sentimiento y el espíritu, el placer se convierte en plenitud.

Por eso es importante esperar a tener una vida sexual activa con la persona con quien se haya podido contactar el alma, en donde la relación se convierte en una comunión del espíritu.

12. ¿Por qué en los hombres se produce la eyaculación?

La eyaculación es un fenómeno natural por el cual se expulsa el líquido seminal (sémen) donde viajan los espermatozoides cuya función es la reproducción.

Se puede hablar en la pubertad y la adolescencia de las poluciones nocturnas, en que el joven durante la noche, mientras duerme, eyacula el líquido seminal.

En los adultos se puede presentar eyaculación precoz, que como su nombre lo indica, es la terminación de la relación sexual en menos tiempo que el que necesita para complacer a su pareja. Para esta situación hay tratamiento médico y terapia psicológica.

Esto se origina por ejemplo, cuando el hombre ha tenido relaciones sexuales precipitadas cuando joven, es decir, repite esa situación de tensión que vivió.

La eyaculación tardía también se presenta en el hombre adulto y es todo lo contrario a la anterior. Requiere tratamiento.

13. ¿En los jóvenes se da la impotencia sexual?

La impotencia es en el hombre la disfunción eréctil, es decir es la dificultad para que el pene se ponga eréctil y en la mujer la incapacidad para segregar líquidos lubricantes y la relajación de la vagina para permitir la relajación.

Sí se da en los jóvenes a consecuencia de trastornos psicológicos, físicos y consumo excesivo de drogas o sustancias psicoativas.

Para su tratamiento se requiere un reconocimiento médico si las causas son orgánicas, si es psicológico reconocimiento de un terapeuta sexual y si es por drogas, manejo de la adicción.

14. ¿La meditación nos puede ayudar a encontrarle sentido a nuestra vida?

La meditación es un estado en que la mente se aquieta y el espíritu se eleva. Se usa para sanarse, tranquilizarse y entrar en armonía con el universo.. Nos enseña a conocernos a nosotros mismos y a escuchar nuestra voz interior, nos dice cómo hacer las cosas si le escuchamos y atendemos. Por lo tanto, puede ayudarnos a encontrar nuestra misión, nuestra estrella en la vida. La realización es seguir esa estrella, que solo brilla para nosotros.

15. ¿Una persona que ha tenido una vida sexual activa podía volver a ser virgen?

Si. Nuestra sociedad simboliza la virginidad en la ruptura del himen, siendo esto un mito más que una realidad.

La virginidad es un estado del estado del alma y en cualquier momento se puede decidir ser casto o abstenerse preparándose para una relación de pareja fundamentada por el amor.

Quienes hayan tenido relaciones pueden darse la oportunidad de una segunda virginidad, si es su decisión.

16. Después de haber tenido la relación sexual existe un método para evitar el embarazo?

Sí, es el de la anticoncepción de emergencia, pero como su nombre lo indica, es para casos de emergencia. No se puede utilizar de manera continua porque se disminuye su efectividad y también puede producir alteraciones del ciclo menstrual. La anticoncepción de emergencia consiste en dar una alta dosis hormonal a la mujer, lo cual incide en el transporte del óvulo a través de la trompa de Falopio y en algunos casos solidifica el moco del cuello uterino, impidiendo el paso del espermatozoide, no dándose la fecundación.

Son 2 dosis tomadas, dentro de las primeras 72 horas que siguen a la relación sexual, cada dosis se separa de la otra por 12; horas, sin embargo, ésto depende de la cantidad de hormonas que tenga cada tableta anovulatoria.

Hay precauciones que se deben tener en cuenta, como es el caso de quienes hayan tenido infarto al miocardio o trombosis, derrame cerebral. En caso de migraña focal o de enfermedades hepáticas.

Es útil éste método en caso de violación.

MÉTODOS REVERSIBLES*	MODO DE ACCIÓN	ÍNDICE DE FRACASO	EFECTOS SECUNDARIOS
Hormonales: • Píldora (estrógeno y progesterona) • Inyecciones • Implante subdérmico	• Impide la maduración del folículo y la ovulación	Efectividad 99%	Retención de líquidos, sensibilidad mamaria, náuseas. Tardío: Riesgo de enfermedad cardiovascular y hepática
Dispositivo intrauterino	• Su objetivo es evitar la implantación del óvulo fecundado	95%	Alteraciones menstruales, complicaciones en algunos casos: pérdida del dispositivo, perforación uterina.
Métodos de barrera • Condón • Diafragma • Óvulos Gel espermicida	• Impide la entrada de esperma en la vagina • Impide la entrada del esperma o semen en la cavidad uterina • Mata los espermatozoides	90-97% 83-95% 78-90%	- Alguna pérdida de la sensibilidad (aunque esto es muy relativo) - Ninguno - Puede causar irritación
Método natural • Ritmo • Temperatura basal	• Abstinencia durante el momento probable de la ovulación • Tomar temperatura vía oral todos los días al despertar. Cuando haya variación de 1°C abstenerse de tener relaciones sexuales.	80% 85%	- Ninguna - Ninguna
MÉTODOS IRREVERSIBLES*	MODO DE ACCIÓN	ÍNDICE DE FRACASO	EFECTOS SECUNDARIOS
Vasectomía	Impide el libre flujo de espermatozoides, la unión de éstos con el semen.	0	Ninguno. Se pueden presentar trastornos de tipo psicológico pero son sólo prejuicios, no son orgánicos.
Ligadura de trompas	Impide el paso del óvulo hacia el útero	0	Ninguno. (Psicológicos, por falta de información)

17. ¿De qué manera podríamos evitar el embarazo?

Los métodos de planificación familiar en su mayoría solo sirven para evitar el embarazo. El método de barrera o condón es el único método de planificación que evita las I.T.S.

*   *Métodos reversibles*: La fertilidad se restablece una vez se deja de usar o se suspende.

*   *Métodos irresversibles*: La fertilidad no se restablece, es decir son métodos que emplean cirugías (método quirúrgico)

Inquietudes sobre I.T.S. y familia

1. ¿De qué manera ha influido el hecho de que algunos padres y madres hayan evitado hablar del tema de las relaciones sexuales con sus hijos?

Ha influido negativamente en tres aspectos principalmente: en el aumento de los embarazos en adolescentes, en los abortos y en el aumento de las I.T.S. Pero también ha influido en la visión que tiene el joven de la sexualidad, que no es una visión clara, limpia, que hace parte de la naturaleza, que es un don que Dios le ha dado.
Es importante el prepararse para orientar en el campo de la sexualidad a sus hijos desde que son recién nacidos. Recomendamos que el padre esté atento a la información que brindan las instituciones educativas y los profesionales que a través de los medios de comunicación brindan orientación a las familias.

2. ¿Las E.T.S. se pueden transmitir a los hijos?

Sí, como en el caso de la gonorrea, si no se controla, puede dañar las trompas de Falopio, obstruirlas (infertilidad o embarazo extrauterino). Si se está en embarazo o gestación puede transmitirla al hijo a través del canal del parto, afectando los ojos si no se controla a tiempo.

La sífilis puede producir daño cerebral, afectar el desarrollo psicomotor del niño, es decir impedirle caminar; retardo mental, sordera e incluso la muerte.

En cuanto al VIH el niño nace con el virus, esto se da en un 30% en madres que viven con VIH-Sida. Pero si la madre es tratada durante la gestación se reduce el riesgo a un 8%.

3. **Hemos escuchado a compañeros que dicen que su padre tiene otra mujer, es decir, que tiene relaciones extramatrimoniales ¿Es ésta una situación de riesgo?**

Los hijos aprenden esencialmente de sus padres. Los niños y jóvenes imitan más lo que sus padres hacen, que lo que dicen. Debe existir coherencia entre sus palabras y sus actos.

Las relaciones extramatrimoniales tanto del padre como de la madre son situaciones de riesgo porque el hijo en su vida adulta va a repetir el comportamiento del padre y además se va a exponer a adquirir con mayor facilidad, si no se protege, las I.T.S.

4. **Usted nos habla del amor como posibilidad de sanación ¿Quisiera compartirnos su experiencia?**

Yo siento que la enfermedad cualquiera que sea, tiene un origen en nuestra alma y se expresa a través de nuestro cuerpo. El punto de partida de ella es la carencia de amor propio. En el momento en que la enfermedad se manifiesta, ella se convierte en una maestra, que va enseñándonos cómo, al encontrar el amor en nosotros mismos y su expresión en el entorno, vamos encontrando primero la aceptación de la enfermedad, el amor a ella misma y por último la sanación, porque cuando el aprendizaje se ha conseguido, la enfermedad ya no es necesaria.

Pero ante todo, sabiendo que somos instrumentos de Dios.

5.   ¿Qué diferencias hay entre lo que siente la mujer y lo que siente el hombre?

La mejor explicación la da la cultura china. Ellos comparan a la mujer con el agua y al hombre con el fuego; es decir, el hombre se excita rápidamente y la mujer, como el agua para entrar en ebullición necesita un periodo de calentamiento, que incluye palabras, caricias, expresiones y sentimientos.

No olvidemos que el órgano sexual más grande que tiene el ser humano es la piel, siendo ésta muy sensible desde el cuero cabelludo hasta la punta de los pies.

El orgasmo es la culminación del acto sexual, en el hombre es en punta como una arista y sube y baja, en la mujer es en meseta, siendo éste más largo y sostenido.

6.   A una persona que esté viviendo con VIH se le puede despedir de su trabajo?

En Colombia existe una legislación que es el decreto 1543 de junio de 1997 donde se especifica que no es causal de despido de su trabajo estar viviendo con VIH. Que no se le puede negar el ingreso a instituciones educativas, clubes, comunidades religiosas, etc...

Nadie está en la obligación de rebelar su diagnóstico a menos que sea para fines de tratamiento médico o epidemiológico (para evitar la diseminación de la epidemia).

7.   ¿Qué es la endogamia?

Son las relaciones sexuales entre personas de una misma familia. Relaciones entre hermanos, padres e hijos se llama incesto. En algunas regiones de Latinoamérica es común por el machismo, que el padre tenga relaciones con las hijas, donde se piensa que las hijas mujeres tienen que ser primero del padre antes que sean de otro hombre. En las grandes ciudades, por el hacinamiento, se da con frecuencia la relación sexual entre hermanos. Muchas enfermedades congénitas, se dan porque se casan entre primos. Por ejemplo, la *retinosis pigmentaria*, enfermedad congénita, es decir,

que se transmite de padres a hijos, donde la retina se va pigmentando, degenerando, ocasiona pérdida de la visión. Hay casos de familias en que varios de sus miembros quedan ciegos por ésta situación.
Sin embargo son muchas las enfermedades de otros tipos que se pueden dar.

8.   Si una persona sufre una herida y sangra en abundancia manchando lo que esté a su alrededor, independientemente de saber si está enferma, ¿qué se debe hacer?

Primero evitar contacto directo con la sangre utilizando guantes, atender a la persona que sufrió la herida ocluyéndola, es decir, haciéndole presión en el sitio de la herida para que la sangre se coagule y acto seguido, lavar con agua e hipoclorito de sodio. Se recomienda diluir en un recipiente con agua la medida de una tapa del mismo frasco, de hipoclorito de sodio, conocido también como cloro. Es una sustancia muy efectiva para hacer limpieza y asepsia de todos los lugares de uso común en el hogar, como la cocina, los baños, el piso.

9.   ¿El cepillo de dientes se puede compartir?

No. El cepillo de dientes es de uso personal, porque la cavidad oral presenta una mucosa muy sensible y vascularizada y es fácil la transmisión de bacterias a través del uso de un cepillo de otra persona.
Otros objetos de uso personal son las toallas y el jabón, aclarando que de esta manera no se transmiten las I.T.S. pero si otro tipo de infecciones como los hongos. Los dispensadores de jabón son una buena opción.

10. ¿Cómo puedo lograr que mi hijo tenga una alta autoestima?

La vida emocional se construye diariamente. El papel de los padres es valioso, fundamental. Con lo que ellos hacen y dicen a los hijos van fortaleciendo la autoestima. Deben dar ánimo: hijo, tu puedes. Lo que se le dice al hijo o a la hija le queda para toda la vida.

Que los padres nunca olviden que también fueron niños y adolescentes, sentando bases emocionales fuertes.

Inquietudes sobre juventud y drogadicción

1. A las personas que fuman y beben en exceso ¿También se les considera drogadictos?

El alcohol, la nicotina y demás componentes que tiene el cigarrillo, son sustancias que ocasionan adicción, es decir, dependencia a sustancias psicoactivas, que producen un estado alterado de la conciencia y del ánimo, al igual que la marihuana, el bazuco, la cocaína, el éxtasis, LSD, opiáceos, tranquilizantes.

La comunidad en general acepta el consumo del alcohol socialmente por costumbre, eso lleva a que las personas jóvenes lo tomen como algo de uso común sin saber que los puede llevar al alcoholismo y tener que sufrir sus consecuencias.

A los fumadores, bebedores, se les considera dependientes a fármacos, a drogas (drogadictos). Lo importante es reconocer la condición de ser adicto y buscar ayuda. Sin embargo, hay individuos que con fuerza de voluntad y decisión consiguen abandonar su consumo.

Así como existen grupos de alcohólicos anónimos, hay otros grupos que tratan la problemática, como narcóticos anónimos, que tratan la adicción a otros tipos de drogas, hay también otros tipos de grupos que tratan a través de hipnosis, de meditación y el uso de medicina alternativa (homeopatía, bioenergética).

2. ¿Qué es éxtasis?

Es una sustancia psicoactiva, derivada de las anfetaminas (estimulantes) cuyo efecto en el organismo puede durar 12 o más horas. No se puede combinar con el alcohol porque ocasiona la muerte. Es una sustancia de uso muy común actualmente por las personas muy jóvenes. Ocasiona daños cerebrales severos, en el sistema nervioso central.

3. ¿Por qué dicen que el alcoholismo es una enfermedad catastrófica?

Además del alcoholismo, las otras adicciones se están considerando también catastróficas, porque destruyen en primer término al individuo y su red social, donde se incluye su familia, que se convierte en *coadicta*, a sus amigos, a su trabajo y a la comunidad en general.

4. ¿Qué quiere decir cuando habla de la familia coadicta?

La familia participa de la adicción del individuo, porque se enferma con él y además cae en la manipulación de la persona adicta. La familia requiere tratamiento al igual que la persona adicta. Lo que lleva a la persona a la adicción, falta de afecto, de amor propio es reflejo de la vivencia del grupo familiar.
Las adicciones están aumentando más y más.
Lo importante es reconocer el problema y buscar ayuda en instituciones especializadas. El psicólogo de las instituciones educativas, el orientador, el sacerdote o líder religioso son personas cercanas a quienes se puede acudir en primera instancia.

5. ¿Una persona adicta a las drogas y su familia, se pueden recuperar?

Si, siempre hay esperanza. Lo primero es que la persona adicta decida desde su ser no volver a consumir sustancias psicoactivas. Es como la persona que está enferma de diabetes, no debe consumir azúcar si quiere estar sana. Además está el recuperar el amor a sí mismo, restablecer los lazos afectivos de la familia, volver a quererse todos, encontrarle un sentido a la existencia, personal y familiar, acercarse a Dios, independientemente de la idea que se tenga de él. En resumen, buscar la armonía con uno, con Dios y el universo y aprender a sentir alegría en lo simple, en lo elemental.

6.   ¿Cómo podría el gobierno y las instituciones especializadas apoyar y orientar a las personas que no tienen acceso a tratamiento para salir de la drogadicción?

Estas entidades deben hacer campañas de prevención y que incluyan programas de recuperación en las localidades donde se detecte mayor consumo de sustancias psicoactivas. Así mismo, la comunidad se debe comprometer a proporcionar e informar a aquellas personas que sabe que requieren asesoría.

7.   ¿El consumo de drogas puede producir trastornos sexuales o afectivos?

Sí ocasionan trastornos sexuales y afectivos que van desde la disfunción sexual, *anorgasmia*, que es falta de placer, e infertilidad, lo cual lleva a trastornos afectivos donde el individuo se puede aislar o buscar afecto desenfrenadamente a través de la actividad sexual indiscriminada. El abuso de drogas puede causar impotencia y también disminuir el número de espermatozoides y ausencia de la menstruación.
En Bogotá, Colombia, se sabe que el 93% de las personas que son habitantes de la calle han llegado allí por el consumo de sustancias psicoactivas. Hay que orar mucho por este grupo de personas, porque ellos no solo son los habitantes de la calle, sino los habitantes del infierno en la tierra.

8.   ¿Las personas que toman trago pueden estar más expuestas a consumir otro tipo de drogas?

Si, eso se puede dar. Nuestras sociedades son alcohólicas, porque el alcohol es una droga aceptada socialmente y está bien visto su consumo incluso por niños, lo cual ha llevado en algunos casos a su intoxicación y muerte. Se sabe que en su gran mayoría personas adictas a las drogas iniciaron su consumo con el alcohol y la marihuana, considerándose estas dos sustancias psicoactivas una puerta de entrada a la adicción masiva.

Bibliografía

AGUDELO, C.I. 1996. *Diagnóstico por laboratorio de i.T.S.* Instituto Nacional de Salud. Subdirección de Epidemiología y Laboratorio. Santafé de Bogotá.

BECERRA, P. 2002. *Perspectiva de terapia ocupacional frente al VIH-Sida una experiencia de vida*. Universidad Nacional de Colombia.

E.T.S. y VIH-Sida. *Cuadernos sobre Educación Sexual*. 1995. Ministerio de Salud. Enlace Editores Ltda.. Bogotá

Invitación a la monogamia. *Sida en Colombia*. Revista Cambio No. 493. Diciembre 29 de 2002. Bogotá.

LAPIERRE, D. 1998. *Más grandes que el amor*. Ed. Planeta.

LUQUE, R. 2001. *El sida en primera persona. Información clave para el logro de aciertos preventivos*. Edición Gilberto Cely Galindo. Ed. Panamericana Editorial.

Organización de las Naciones Unidas. Naciones Unidas Manos Amigas Programa de Radio (5.7), BM, Cepct, FAO, DIT, ONUSIDA, PNUD, UNESCO, UNICEF. Naciones Unidas. Programa No. 5. Febrero 2003.

VAN DICK, E. 2000. *Diagnóstico de Laboratorio de E.T.S.* Organización Mundial de la Salud. Ginebra.

El Autor

Dr. César Tulio Gallo Meneses

Nació en la Ciudad Musical de Colombia: Ibagué. Reparte su vida cotidiana en las asesorías en pruebas diagnósticas de VIH SIDA y como Director de la *Fundación Tejedores de vida**. Además, realiza Talleres de Prevención y Educación sexual en diferentes instituciones y entidades de Colombia.

Es médico cirujano de la Universidad Juan N. Corpas de Bogotá, Cursó varios semestres de Ginecología y Obstetricia en el Hospital Materno Infantil y trabajó como médico de urgencias en diferentes ciudades del país.

---

* *tejedoresdevida@yahoo.es*
Tel. Cel.: 3158128526

Asistió a Seminarios y Congresos de actualización sobre Epidemiología en El Salvador y de Enfermedades Tropicales en ciudad de México. Recibió capacitación en Prevención de Enfermedades Infecciosas con el Ministerio de Salud de Colombia.

En Medellín recibió capacitación en Infectología y asistió a un Congreso sobre Prevención de la Farmacodependencia en población de jóvenes estudiantes. En Bogotá participó en un Seminario sobre Sexualidad, Derechos Humanos y Decreto 1543 y en el II Encuentro Nacional de Líderes trabajando con VIH SIDA. Igualmente, intervino en el Seminario Proyecto de reducción de la transmisión VIH Sida de madre a hijo, realizado por la Organización de las Naciones Unidas ONUSIDA. En Cali asistió al VII Curso Internacional de Enfermedades Infecciosas y el VII Seminario Integral del SIDA.

Apostándole a la vida son relatos con elementos seudobiográficos del autor, que intercalan información relacionada con las infecciones de transmisión sexual, con textos literarios que complementan cada tema, respuestas a preguntas planteadas durante los talleres realizados en instituciones educativas, con el fin de proporcionar a los jóvenes, padres de familia y educadores, de una manera más clara y didáctica, la educación sexual.

Tiene dentro de sus metas escribir otro libro relacionado con su experiencia y sus vivencias. Su proyecto de vida está centrado en promover con su trabajo y testimoniar en el diario vivir, su gran amor a la vida.